E~~l sol~~
y los días

Reflexiones del reverendo
Israel Mercedes

Ediciones IBP

Instituto Bibiblico de Providence

EDICIONES IBP

INSTITUTO BÍSIBLICO DE PROVIDENCE

El Señor y los días
© 2021 Reverendo Israel Mercedes
© 2021 De esta edición: Instituto Bíblico de Providence.

ISBN: 9798510247138

Instituto Bíblico de Providence
1014 Broad Street
Providence, Rhode Island 02905

PRESENTACIÓN

Esperé muchos años para plasmar en papel lo que ha sido una experiencia de vivir y compartir con tantas personas que amo y que me aman.

Las reflexiones que comparto aquí nacen de muchas vivencias y observaciones, en muchos lugares, a muchas horas del día; a veces caminando junto a mi esposa, y en ocasiones mientras espero que ella salga de una tienda.

Es mi anhelo que cada una de estas reflexiones se conviertan en una llamita que encienda el corazón y la mente de quien las lea; y que el Espíritu Santo bendiga, en forma especial, a tantas personas que cada día separan unos minutos de su tiempo, para simplemente curiosear lo que un pastor escribe.

Toda persona que transita en esta tierra de Dios tiene el derecho de pensar y, si surge la oportunidad, compartir lo que piensa. En mi caso he sido dichoso de hacerlo y encontrar quien me ayude a cotejar estos diversos pensamientos.

Como esta experiencia será, con la ayuda de Dios, una larga serie, les invito a que sigan caminando conmigo, regalándome unos minutos de su tiempo, mientras aparece un nuevo paquetito de letras.

REFLEXIONES

1

La virtud de tolerar a los demás, sin importar cuán diferentes sean, hablen o actúen, es solo cuestión de obedecer esa enseñanza que trasciende un nivel más alto de espiritualidad; se explota el globo del orgullo, se baja a la tierra, practicando el amor. Si soportas a otro ser humano, sin decir mucho, te parecerás a tu salvador.

2

Con mi alma desnuda, te doy mi alabanza. No quiero ningún vestigio de vana pretensión, soy humano; lo sé y eso me traiciona. Tantas veces intenté y tantas veces fallé, pero sé que me amas, buen Señor de los Cielos; solo un rayo de amor, mis dudas derretirá. Cada vez que sincero me presento a tu trono, me consuelas, me sanas y das su bondad.

3

Unidad en todo tiempo, conscientes de que somos diferentes. Jesús ama a toda la gente y quiere que nos amemos. Las tinieblas riegan veneno, creando prejuicios y divisiones; el Dios que regala amores, nos invita a esa unidad, plataforma de la paz. Y todo bien que se vive, es mejor que usted se anime, a vivir esa verdad.

4

Se siente algo especial, muchas veces indescriptible, cuando se hace algún bien, una obra de caridad, mostrando solidaridad a quien lo necesite. Entender que aunque algunos lo nieguen, somos parte de la misma familia; si alguien sufre o está en apuros, nos llama una fuerza sobrenatural para darle una mano y socorrerlo; y hay casos que conllevan al sacrificio; sin aspirar ni buscar reconocimiento. Es el llamado del espíritu por dentro, del misterio y de la Gracia Divina.

5

La prosperidad es buena, pocos lo pueden negar. El mundo se ha de beneficiar de las comidas y tantas cosas, pero existe un elemento que he visto con mis propios ojos; la inconformidad y el enojo, y un alto nivel de ambición, perjudican esa bendición, creando una masa de infelices, jóvenes a veces muy tristes, teniendo sus hogares muy llenos: las cosas básicas, un techo, escuela y hasta vacaciones. Adultos que trabajan, son clones, cortados con la misma tijera, que se ponga freno a esta carrera y amemos las bendiciones.

6

Para entender la sabiduría y obtener el buen consejo, Salomón nos regala el espejo de sus proverbios gigantes; nadie se asuste o se espante: debe querer aprender. Prudencia, equidad y juicio para la sana doctrina son como la vitamina del espíritu y la mente. Viviendo bien el presente, digiriendo el sabio consejo, tanto jóvenes como viejos, déjense arrastrar por lo bueno con el temor a Jehová y orando sin desmayar.

7

Me aceptas tal como soy, con mi historia, lo que doy y lo que tengo; mis ganancias, lo que pierdo, el límite de mis pensamientos; si miro lejos, de donde vengo, ese camino es largo. He visto tanto Señor, ochocientas caras del dolor, y mil caras de alegría. ¡No puedo juzgar! La vida mía merece igual condena. Si me aceptas, Divino, todas mis penas, en paquetitos al calvario llevaré.

8

Gran Maestro de dolores, graduado en un millón de quebrantos, con tu pasión y tu llanto llevaste todos los míos. Ayúdame, socórreme, Cristo mío. Eres flor de mi jardín, quiero adorarte sin fin, pasar por el camino estrecho, nada de lo que hice o he hecho merece tu misericordia, santo Cristo de la Gloria, veo tu mirada que me ve, a mi alma le quitas la sed, por eso eternamente te pienso.

9

De mañana te buscaré, Señor, junto con los rayos del sol. Al comenzar con tibio calor, a ti declararé mi agradecimiento, y como hoja que arrastra el viento, dejaré salir toda amargura. Mi día repleto de dulzura será como una nueva canción, pondré sazón a mis palabras, inspirando a mis interlocutores, porque hablando arrancaré dolores; una mañana de sanidad, de mi jardín las bellas flores.

10

Mírame, Jesús, con tu mirada: estúdiame, conoce mi intención, tocando para sanar mi tierna alma; incluye por favor mi corazón y que
esa mirada sea tan fuerte, capaz de derrumbar
todo temor. La noche como el día te son iguales,
no quiero pretender, tal como soy; tu amor me
sana, me levanta, es fuente de una luz medicinal, no puedo callar esta experiencia, lo que una
mirada puede dar.

11

Seguir a Jesús requiere una seria determinación, negarse a sí mismo diciendo: estoy dispuesto a vivir, por los principios del Reino, sin importar mis principios, en él enfoco lo que hago, lo que sueño y lo que pienso. Jesús es mi absoluto sustento, no me importa por Él morir. Seguro voy a vivir la gloriosa Eternidad, entraré en plena paz, es el premio del sacrificio.

12

Pensando profundamente, hasta mis ojos cerré; miraba aquella vejez, que a mí también me esperaba. Un cuerpo débil veía, dentro de mi fuerte cuerpo, y en ese mismo pensamiento salía como de un cascarón, con lágrimas y emoción, paciente me resignaba, y gracias a Dios le daba: porque una vez fui un niño, mi juventud con mucho brillo, cualquier día se me fue. Te espero bendita vejez y nunca me desespero.

13

Como un tumor putrefacto es el dañino rencor, con efecto de dolor, como ladrón al acecho,
aún en la intimidad del lecho, este lo contamina
todo, el alma llena de lodo, impidiendo la felicidad. Evitarlo es una necesidad, si se quiere vivir
libre. Dios nos ampare y por siempre nos sacuda
esta maldad, con abundancia de paz, y con bue-
nas relaciones.

14

Que el gozo de tu presencia jamás se aparte de mí. En el camino me perdí, porque busqué mi propio gozo, en cosas de falso reposo, donde todo es pasajero. Jesús me enseñó el sendero, y renovó mi alegría, cambiando mi noche por día, y mi corazón volvió a la latir; su gozo me enseñó a vivir, sin importar cuánto tenía. Era un asunto del alma, algo que no comprendía.

15

El verso, la rima, la prosa, también la filosofía, todas herramientas, regalos que dan sentido a la vida, derecho a poder expresarse, a hacer preguntas, reencontrarse, poner a volar la imaginación. Incluyo con fuerte pasión la ciencia de la teología; a veces el alma se enfría, sabiendo que no lo sabe todo; por es que canto y adoro, por la bendición de pensar. Y gracias debemos dar, al Dios que todo lo sabe.

16

Tanta gente que me cuida, tanta gente que me ama. Todo empezó con mi madre, cuando a este mundo llegué, pequeño y frágil a la vez, regalos de besos y comida, calor humano y amor, como agua a una flor, me dieron la luz del ejemplo, camino y recuerdo contento a tantas personas hermosas, maestros, amigos, mil cosas, cuidados que solo hoy puedo entender.

17

Dulce mañana, preciosa, tibia como té olvidado; de Dios un regalo, ¡el más bello! Vivir, ver el mundo otra vez, son tantos los que no amanecieron; anoche empezaron a volar. Y tú, mañana preciosa, sin prisa me vienes a abrazar; daré un discurso de gracias, saludos por doquier repartiré, no tengo razón ni derecho de odiar, y nunca lo haré.

18

Resucitó Jesús, marcó un nuevo comienzo. Si Adán la muerte provocó, Jesús cambia esa horrible condena, el más grande milagro de Dios. Tres días fue suficiente, su cuerpo fue impactado por la luz, la tumba no pudo aguantarlo, la vida es más fuerte que la Cruz; volvió a ver sus discípulos, testigos hablaron con Él, como la primavera esplendorosa donde todo vuelve a nacer.

19

Y murió Jesús, lleno de golpes; su cuerpo herido y maltratado, una plebe ignorante le insultaba mientras él miraba hacia abajo. Su sangre pura, gota a gota fue derramada, llena amor. Perdón les trajo a tantos malos, cambió la Historia y su dolor. Muerte, no puedes dominarlo; vida, no puedes detenerlo; ambas son cosas que Él domina, al derrotar al mismo Infierno.

20

El calvario, lugar espantoso, el matadero de Dios, donde se juntan y convergen la miseria y la esperanza. Jesús muere, dando vida. Su mirada tierna y pura, mira lejos, nos satura de medicina celestial, su dolor nos quiso dar claridad de un nuevo día. Hoy es grata melodía para salvar pecadores; todos obtenemos las flores de ese jardín eterno, en la cruz el Cristo tierno, nos trajo gozo y alegría.

21

He encontrado que el éxito no es un proyecto imposible. Mil cosas se dice sobre esto, pero mi conclusión es directa, tanto el genio como la persona común debe hacer lo mismo: disciplina y consistencia; disfrutar lo que se hace. Al llegar el desenlace, es corona muy sabrosa, si se trabaja y se goza. Cada día, cada minuto, para esto nadie es bruto, y todos lo pueden lograr, debo con alta voz recordar: «disciplina es tu derecho».

22

Enamorado de la luz de la mañana, cuando el sol regala sus rayos de oro, yo me levanto y adoro al que me permite existir, al que pone en mi mente dirección, y en mi alma un caluroso sentir, repleto de agradecimiento, como el pajarillo que con el suave y delicado viento vuela libre, como dueño de todo, en esta mañana como el loro, repito y repito, la misma expresión: soy dichoso, dichoso.

23

La Palabra de nuestro Dios es como comida y bebida, viene para darnos vida y fertilizar nuestra aridez, por siempre quitarnos la sed, y si vuelve también la quita, es palabra muy bendita, en Jesucristo encarnado. Nos acerca, nos da la mano, trayendo liberación, justicia con compasión, desbaratando temores, y esos grandes tumores que llamamos depresión; salud interna nos trae, es palabra medicinal, recibirla es un regalo, bendito sea el Señor.

24

De repente todo se acaba; cuando menos lo pensamos, agarramos la maleta y nos vamos, derecho a la Eternidad, lugar donde llegaremos junto con los billonarios, los millonarios también; allá son iguales que nosotros, lo que dejaron, de nada sirve, si sus almas estaban sucias, ya son pobres como mendigos; y lo mismo aquí yo digo de los pobres que son malos, sus pobrezas no les ayuda a limpiar el corazón, el Dios fabricante de perdón dará de acuerdo con su Gracia. Estemos listos para el viaje, este viene de verdad.

25

Somos producto directo de una mente inteligente, se creó un molde bien hecho, con la primera pareja; entre todo esto, estamos tú y yo,
para vivir un proceso. La vida no es un desecho,
o mera casualidad, existe una más alta verdad
que nos mueve a cierta acción; preparar con
amor y pasión, el pasaporte y papeles para ir a
eso que viene, y nuestra alma lo sabe, es por eso
que siempre clama, por lo de valor eterno, des-
echando lo pasajero que en el allá no tiene valor.

26

Rodeados de tanta abundancia, millones de seres humanos rindiendo honor con sus dos manos, trabajando sin parar; tantas cosas pueden comprar, y sus ojos no se cansan, es como un vicio, y ya cansa, acompañado de tristeza. Mientras más grande es la cuenta, el banco quieren romper, tan fácil se puede ver la enfermedad emocional, una sociedad de espectáculo, de gente con todo y sin nada, el Dios que creo de la Nada, tal vez nos venga a sanar.

27

Dios no deja de hablar con sus débiles criaturas por medio de la naturaleza, les deja saber quién es él, el propósito de ser y la ruta que ha marcado; mira lo bueno, lo malo, tantas veces desobedientes, pero él espera paciente. Crecimiento, madurez, a veces en la misma vejez no se deja de ser tonto como un niño. Dios nunca disminuye su cariño, y así nos sigue hablando, somos su diseño exclusivo, y en el fondo lo seguimos amando.

28

La cultura de la pandemia nos obliga a esconder media cara, por supuesto, algunas personas esconden la cara completa, es posible que esto nos enseñe una lección más profunda: Caín se quiso esconder de Dios cuando cobardemente asesinó a su hermano. Existe una tendencia muy dañina, y es estudiada en psicología, cuando los humanos pretenden tapar su realidad, o peor, poner un disfraz a quienes verdaderamente son la cámara; los ojos de Dios saben bien quién eres. Es mejor ser auténtico, aunque se pague un mayor precio, que al final perderlo todo cuando en verdad nos conozcan.

29

Soy un paciente de ti, porque así lo siento Dios. Mi alma te necesita, sin ti no puedo, Señor, desde que vine a este mundo, como un niño, pequeño y frágil, tu fuerte brazo me sostuvo, me guio, ¡oh, qué regalo!; al crecer tú me enseñaste, peligros había muchos, no caí, pude seguir avanzando hacia mis metas seguro. Te quiero hoy agradecer, no fui yo, fue tu grandeza, sigo paciente de ti, hasta ese día final que el Cielo reciba mi alma y Dios me venga a buscar.

30

Ser feliz es más que un buen salario, belleza, o mucho placer. Feliz es saber tener claridad en nuestros valores. Recordemos que las flores tienen la misión de consolar; en una boda o en un funeral, ellas hacen su trabajo. Ser feliz es cuando un ser humano ama, sirve y no deja de aprender; sabe que un día dejará de existir, y de esta tierra nada llevará; solo los actos de bondad, lo mucho que compartió con los demás. No llegará al trono de Dios con maletas de dinero, una mansión, un carro nuevo, y mucho menos un título. Del otro lado el capítulo del nuevo libro a escribir comienza aquí, al sufrir, para luego tener vida.

31

La duda en terreno movedizo, como ola que viene y va, vivir sin seguridad, teniendo sin nada
que tener. Para cumplir nuestro deber se necesita enfocarse, trabajar, siempre esforzarse, estar
seguro de que el tiempo se irá. Cuántos al mirar
hacia atrás la duda se los comió. El mucho argu-
mentar triunfó, el cohete no dejó su base, todo
por vivir dudando; el Universo no existe con leyes ambivalentes, que suceden de repente, para
cambiar por capricho; está siempre estable, es
su principio, de eso debemos aprender.

32

No quiero ofenderte, Jesús; abrir en tu cuerpo otra herida. Sufriste tanto por mí, eres el dueño de mi vida, y por eso postrado te quiero servir, con toda sinceridad. Levántame cuando caigo, soy hijo de la debilidad. Cada vez que me justifico fallo, ofendo y me empiezo a hundir; cuando en oración yo te busco, mi espíritu empieza a subir. Me siento dichoso y amado, mis miedos tienen que huir.

33

De repente le llegó el regalo de la edad media-
na. Su juventud calladamente dijo adiós. Buenos
recuerdos le dejó; sin embargo, ya se fue, ella se
negaba y luchó una guerra frente al espejo. Era
difícil aceptar que otros niños nacieron, vivieron
su proceso natural, y hoy la vienen a suplantar.
No es competencia, ni envidia. La vida tiene sus
cosas, y esa señora hermosa, sus años debe gozar.

34

Ese sol tan brillante golpea algunas pupilas, le da vida a las rosas, y al campesino la esperanza. La tierra brinda siempre hogar, espacio para disfrutar y la energía para cruzar el ancho río, cual serpiente interminable. ¡Oh, selva espesa y tan grande!, casa de millones de seres, el silencio que la protege es sagrado y sinigual. Las nubes que suelen pasar se ríen a la vez que se admiran; sin dudas es un escenario espectacular: un sol con todos sus rayos.

35

Pesa más una onza de perdón que una tonelada de odio. Es imperante amar y respetar a quien sea diferente. Dios quiere que todas las personas sean iguales, sin prejuicios, sin maldades. El color de la piel o hablar otros idiomas ayudan a la diversidad, fomentando la hermandad, la tolerancia y la buena fe para que vivamos en paz.

36

Las flores de primavera ya nos vienen a visitar, la bienvenida le vamos a dar. ¡Son tan nuevas y tan hermosas! Nos dicen con su presencia que una nueva estación comenzó, el pasado se olvidó, el frío terminó su función, la naturaleza muerta ha regresado a la vida; como un niño que nace y respira, trae lágrimas y felicidad; la primavera nos inunda de paz, gritando: vivan la vida, jamás hagan daño a su hermano, celebren en solidaridad.

37

Este agradecimiento crece como un volcán, mi corazón no quiere parar cuando recuerdo las cosas, como larga lista, gloriosa, la mano de Dios desde mi niñez dándome el pan, y a la vez ropa y zapatos, familia, educación, un ambiente de mucho amor, la oportunidad de viajar, visitar otros continentes, conociendo tantos hermanos; qué honor estrechar la mano de personas regulares, de líderes especiales, y regresar al hogar; por eso gracias debo dar, agradecimiento sin par.

38

Déjame sentir tu presencia, en mi alma, ¡oh Señor!, que sea una emoción en mis nervios o mi
cerebro, Dios encarnado; el Verbo, viniste hu-
milde a esta tierra a quitar nuestra miseria, y
ese peso de pecado, con el sufrimiento nos ha
dado salud y deseos de vivir, por eso queremos
sentir esa presencia divina −como agua y gaso-
lina− que nos impulsa a avanzar, y cada nuevo
día abrazar dichosos, con nueva sonrisa.

39

Si se pierde la razón y la capacidad de analizar, a la jungla vamos a regresar y no nos vamos a entender; con la misma Biblia nos vamos a encender en batallas sin sentido, Dios es Dios de diversidad, le honramos en lo esencial, pero en lo particular no hay interpretación privada. Es triste que la religión cree tantas divisiones entre familias, y un odio virulento. El amor es el mayor argumento que rebasa toda la lógica. Quien no cree, como yo creo, merece mi condenación, Dios es el juez, su gran pasión consiste en que nos amemos; el fin de toda ecuación.

40

No pierdas el primer amor, como la iglesia de
Efesios, que después de caminar derecho se fue
por otras rutas, años de amor, como a Dios le
gusta. Fue cambiado por apatía, y ese fervor con
que servía lo sustituyó por religiosidad. Ahogó
la espiritualidad buscando enseñanzas dudosas,
pues ya no era la misma cosa, por eso la amo-
nestación, como un tren que pierde la estación,
se pierde asimismo el final. Es tiempo de recordar ese amor que se ha perdido, corriendo con
rapidez al verdadero camino.

41

En la mañana con el rocío, capa delgada de agua, mi espíritu se levanta, haciendo oración sincera, cuando comienza a calentar el sol, y los mortales inician sus labores a toda prisa, cumpliendo con sus deberes; tanto hombres como mujeres, es tiempo de despertar, saludar, sin dejar de orar, pidiendo la dirección de Dios. Es lindo reconocer que toda energía recibida es regalo que viene de arriba, en la mañana de Dios.

42

El sol, astro rey, ejemplo de potente energía,
produce con su luz el día y en su ausencia cae la
noche; es un ejemplo para todos, porque es tan
grande su generosidad. Al rico, al pobre siempre
le da de su vida e incluye todos los continentes,
quien como él tenga presente ser de un carácter
vertical, no se cansará de alumbrar; a todos re-
galará sus rayos, sin complejos de inferioridad,
nunca cambiará quien es él, enseñando que todo
el que sea fiel, alumno de ese sol será.

43

La paciencia Señor, paciencia, virtud que necesitamos cada día. Cuando despertamos hace falta una nueva dosis, al hablar, al relacionarnos,
es tan fácil ofender, no importa como lo vamos a
hacer, también somos ofendidos. Sin la paciencia se pierde un amigo, o se daña lo que ha cos-
tado tanto, Dios del Cielo, siempre Santo, envía-
nos de tu caridad; se nos agota la paz, porque
no sabemos hablar, destruyendo sin pensar y
volviendo a las cavernas; con tu paciencia, Dios
mío, nos vamos a enderezar.

44

Por la senda del amor, siempre quiero caminar, obedeciendo al Señor, el Maestro de mi vida; nada me debe apartar. Sería triste si lo hago, en todo a mi Rey alabo, desde que pude entenderlo mis ojos pudieron ver que existe una gran diferencia, y para esto no hace falta ciencia, es tan claro como el día, es esa dulce alegría, potente revelación, la ancha senda del amor, es esa la correcta vía.

45

¿Por qué te quejas?, si todo lo que tienes es beneficio gratuito que Dios te dio; te regaló una voz para comunicar tus sentimientos, también los brazos para trabajar y abrazar, y qué decir de la importancia de los ojos, ellos son parte de esa ventana sin igual; y los oídos, tan necesarios para el cuerpo, música y viento se escuchan al pasar; los pies tan fieles te llevan a todas partes, sin ignorar la boca y la cabeza; ¿por qué te quejas?, si el Creador de la grandeza solo a tu cuerpo regaló tanta grandeza.

46

Quiero llevar mi cruz, rechazarla es un pecado, hasta Jesús la llevó, más pesada y acompañada de castigos; el insulto no faltó, las cruces producen coronas, sin dolor no hay graduación. Los más grandes al humillarse vieron el rostro de Dios, subieron a cielos muy altos, aprendieron el lenguaje de fe, se hicieron místicos, tan fieles, legado por siempre, precio que pagué.

47

En medio del huracán fuiste mi puerto seguro. Cuando azotaban las olas tu amor fue mi protección, por eso con devoción te alabo, te ofrezco alabanzas, me siento dichoso y con vida. Solo jamás triunfaría. Mil gracias digo con alegría, recordando lo que viví y aprendí, al mundo la espalda le di, su engaño casi me mataba; soy una vida cambiada, mi boca lo sabe expresar.

48

La poderosa mano de Dios nunca me ha soltado, si hasta aquí he llegado. Siempre ayuda he tenido, como el pájaro en su nido, nada me ha dañado; pues tengo esa mano del Dios Eterno avisándome del peligro y de tantas tentaciones; donde vaya y en mis sueños, recibo seguridad. Mi alma rebosa de paz, como un nuevo sol radiante; oh, al caminar miro adelante, nunca atrás.

49

Qué lindo es ver el atardecer reflejándose en la orilla, con esa luz amarilla, anunciando la muerte del día. Es el corazón donde arde la intensa acción por la actividad, un día que regala la oportunidad y prepara para un merecido reposo. Dios derrama de su gozo sobre sus hijos e hijas, que de amor tan grande, con vida, recuerdan aquella tarde.

50

Busco tu rostro, Señor, aunque sé que eres misterio; la deidad no tiene tiempo, existe por la eternidad. Antes que hubiera en la tierra el mínimo indicio de vida, el Creador imaginaba poblar con seres hermosos para compaginar lo precioso con el ojo que lo puede ver; a la mujer preciosa –madre y maestra–, excelente ser inteligente, y trabajar la naturaleza. Gracias a Dios mi mente satura billones de años y más.

51

Los hijos desobedientes están comprando maldición porque la Biblia claro lo dice: que debemos honrar a los padres, cada vez que un hijo rompe el corazón de quien le dio la vida comienza a sumar el juicio, que cuando menos espere llegará, no tendrá seguridad, sus días serán acortados, y rodeado de pecado y amargura; nada bien le saldrá, todo caerá en saco roto. Sin descanso y sin reposo, su vida terminará.

52

El Dios que me ve, vio a un niño nacer. Me vio joven, adulto y anciano. Vio mis días de fuerzas, debilidades y aprendizaje. También incluyó ver mis sueños, mis dudas y mis zonas erróneas; vio mi dormir y despertar; vio a ese ancianito que peleaba con el desprendimiento de su alma, lista para dejar su cuerpo en la tumba fría. Dios todo lo ve, Él nos ve a todos.

53

Estamos viviendo una era de abundancia y prosperidad, aún los países pobres, experimentan
grandes cambios: tecnología, transportación, y
agricultura sofisticada, hacen de los desiertos
bellos cultivos, grandes ciudades, la medicina
una bendición; pero persiste una maldición en
tantos seres humanos: la falta de alegría, el poco
compañerismo, un vacío ontológico, no se busca
la salvación; necesitamos la luz del Señor para
arreglar nuestro mundo.

54

Creer saberlo todo es la peor condición, al final no se sabe nada; se vuelven críticos implacables, maestros del legalismo, hablan con cierto cinismo, y peor si son religiosos, pues su doctrina es de perezosos, porque dicen medias verdades. Su peor impiedad es juzgar a los demás, crean grupos y seguidores inflados de perfeccionistas, no saben que son cortos de vista, porque el amor de Dios los confunde, en la gracia de Él funde la mayor diversidad.

55

Los ancianos celebraban un año más de alegría; la vida los había juntado, al inicio de la juventud. ¡Cuántos momentos hermosos! Construir una bella familia, trabajar hasta el cansancio, hacer mil cosas a la vez; pero llegó la vejez, en su carroza gris trayendo debilidades; días oscuros y dolores, juntos probaron el sabor de esos tiempos especiales, los recuerdos como raudales, sonrisas y alegría; compañeros de este viaje, solo Dios sabe el final.

56

La pobreza es una plaga presente en todas las naciones, una condición que limita y hace a las personas impotentes, y muchas necesidades se convierten en el pan de cada día. La fe es lo único, la vía para ver con otros ojos: una sonrisa, salud, trabajo y honestidad, es riqueza de verdad, rico ser de otra manera.

57

Gedeón fue un hombre sabio pero lleno de temores; la opresión de sus hermanos, la vergüenza de una invasión lo hizo buscar al Señor y ver la necesidad; su llamado fue muy claro, debía seguir instrucciones, formar nuevos escuadrones para ir a la batalla; pero no todos darían la talla, ni pasarían el entrenamiento. A sus casas regresaban contentos, embargados de temor; trescientos henchidos de valor, a Gedeón seguirían contentos.

58

Conocerte mi buen Dios, jamás lo podré lograr; mi mente podrá explotar, tan grande es mi pequeñez. Eres Dios, antes y después, tu imperio no tiene final, nunca terminas de crear, porque es tu naturaleza, dueño de toda belleza, de leyes inquebrantables, y nadie que piense y que hable sabrá tu profundidad. Ingeniero de la paz, dueño de la imaginación, con gracia y con devoción, digo: siempre te seré fiel, a ti someteré mis pensamientos, Padre amado, Eterno Bien.

59

Golpea sin misericordia la muerte, divide, arruina, destruye, causando un enorme valle de dolor en familias enteras; es el temor de un anciano, la pesadilla de los doctores, el último precio que paga un soldado en defensa de su nación, pero hay algo más que morir: es el morir sin una relación con el Dios de la vida. La muerte de Cristo representa la rotunda bancarrota de la muerte.

60

Y dormido me quedé, entre dormido y despierto. Mi conciencia me llevó a construir pensamientos. Cosas añejas; quizá en mi juventud, los errores, los aciertos, un pedacito de virtud, un derroche de energías; aprender por observar esos eternos días, y los regresos al hogar; la suma de tantas cosas para el otoño de mis días fue como un pentagrama, una nueva melodía, y tranquilamente me dormía.

61

Una gotita de lluvia recorre larga distancia, cruzando nubes y espacio, la gravedad la acelera, es urgente llegar a la tierra, el campesino la espera, las plantas le bridarán una sonrisa; en algunos lugares esa gota representa calmar una quemante sed. Será vapor, hielo, parte de los alimentos diarios y limpiará muchas áreas sucias; bendita sea esa gotita de agua.

62

Con su cuerpo muy cansado, lleno de tanto trabajo se va el pastor; años de mucha labor, ayudando, consolando, enseñando, sirviendo a tantos enfermos, nunca diciendo no. Depende de la fuerza de Dios, y las muchas oraciones, su espíritu, siempre dispuesto, es su vida y pasión. Dios le ayuda aumentar ese fervor, dándole un gozo inefable, nunca se siente culpable, su llamado vino de Dios.

63

Una palabra, un pensamiento, una pasión, herramientas necesarias para demostrar que estamos vivos, decimos lo que sentimos sin parar,
pensamos, creamos pensamientos, llegan y se
van. La pasión, en todo ponemos un poquito de
pasión, para romper la rutina, reírle al dolor. En
la vida espiritual experimentamos esta mezcla
que nos hace humanos, al mismo tiempo nos
recuerda que cargamos un pedazo de divinidad.

64

Astro rey, llamado sol, nos regala tu calor, que es vida y alimento, todos tus movimientos afectan la vida en la tierra, las estaciones son pruebas de tus visitas y esa luz, de las plantas vitaminas y del ánimo sustento, combinado con el viento, produces caricias en la piel. La humanidad puede ver energías en sus hogares, movimientos especiales, por tu generosidad, podemos ser pequeños soles, compartiendo la amistad.

65

Soy quien soy, así lo acepto; no me quiero comparar, aunque lo haga no puedo cambiar, es mi modelo, lo acepto; las cosas que he aprendido en mi largo caminar me han dado la capacidad de pensar y formar mis propios conceptos. No quiero convertirme en juez, y mucho menos en un perfeccionista. Aprendo de las mentes sencillas, y también del especialista; el grande y fuerte de hoy será reemplazado mañana; el tiempo todo lo transforma, me gusta adorar de mañana, y ser quien soy, Dios me ama.

66

Escuché, creí, acepté y nació la Fe, cual débil y tierna plantita, en el fondo de mi corazón; eso también dio lugar a una lucha con mi razonamiento. Supe que como el fuerte viento que destruye todo a su paso, las dudas, pantano dañino, golpearían mi encuentro de amor, hoy doy gracias al Señor, la planta echó raíces, regalo de la salvación.

67

Cerebro y universo, inmenso dúo de creación, difícil conocer sus límites, son frutos del gran Creador, con leyes siempre perfectas, distancias y cercanías, los sabios estudian y aprenden; el asombro es siempre su guía, el telescopio se crece, será que habrá una frontera; cerebro cuán grande es tu fuerza, inventos regala cada día, y el niño sigue durmiendo, termina de llegar a este mundo; esconde, no sabe todo lo que tiene su sueño, sabe a sabiduría.

68

Quiero ir a la Iglesia. Es una necesidad; mi alma, mi espíritu gime, como el niño que llora por su leche, y soy yo, no Dios, ni los fieles, los que allí buscamos amor; todos nos vamos a encontrar en ese lugar especial, canciones vamos a cantar, humillados en reverencia hablaremos con nuestras conciencias, como el que habla al espejo, pediremos perdón, sin complejos; sentiremos que no hay lugar para la hipocresía en la casa de Dios. Todavía se busca un saludo sanador, en la mesa del Señor vamos para arriba, para arriba...

69

Subiendo, siempre subiendo, cual montaña res-
balosa, no es fácil; son tantas cosas, mil decisio-
nes que tomar, nunca nos gusta errar; queremos
tener la razón y terminamos aceptando que fal-
tan fuerzas internas, somos como una linterna
que agota sus baterías; la montaña es un dinamo
donde nos fortalecemos; el esfuerzo son los re-
mos, que empujan la embarcación, no se puede
confundir el precio que hay que pagar, prefirien-
do una vida inútil, sin trabajar.

70

Los demonios de la depresión azotan por todas partes, no importa la posición, la belleza, y quién seas; tanto en hombres como en mujeres, por dentro está este dolor. Hace falta de Dios, un nuevo calor para calentar esas zonas frías, glaciar de melancolía, soledad de mal sabor; trabajo, cosas, una mansión es pintar las apariencias, sale de nuevo la espina, clavando sin compasión. Primer paso, humillación; segundo arrepentimiento, perdonar viejas ofensas, y que siga soplando el viento.

71

No es la teología o el fanatismo religioso los que determinan el nivel de gozo, o una auténtica espiritualidad; la mente no encontrará saciedad en nuestras grandes interrogantes; tú y yo enfrentaremos los gigantes de la incomprensión y las dudas, pero hay algo que perdura a través de nuestras experiencias, el dolor: la acusadora conciencia de ese camino hacia Dios; Él fue quien nos diseñó, y nunca nos abandona, aunque caigamos de bruces en la lona veremos su fiel bondad.

72

¡Desperté! Llegué de ese viaje que llamamos la noche y su nostalgia, alegre muchas veces; y a quién no le falta una noche triste; la noche es parte de la luz del día, como el día es parte de la noche; amanecer es simple, sin reproche, una estrofa de la misma melodía. Gracias a Dios por la noche, gracias igual por el día.

73

Puedes conocer muchos mundos sin montar un avión. Dios ha dado la imaginación, regalo gratis y hermoso; mientras la vida transcurre siempre habrá algo que ver, ¿y con esto qué haremos, sino ser agradecidos? Desde los seres más pequeños hasta el enorme elefante, no desperdiciar ni un instante, no ceder paso al aburrimiento; desde el preciso momento en que todo se vuelve rutina se pierde la vitamina de este gratuito concierto.

74

Cuanto más grande quiero ser, grande me encuentro que soy hijo de la dependencia y mi vida existe por el cuidado generoso de mi Creador. Nada me puede separar de ese amor protector de Dios, porque entiendo que la fe, la fuente de toda verdad, es como una puerta ancha por la cual puedo pasar. Con todo y en todo, es hermoso mantener la perspectiva, el buen juicio, la claridad de comprensión, porque todo esto es de espíritu a espíritu, destruyendo ese ego dañino que se subleva contra la ley de Dios, para perder bendición de ser un verdadero hijo de Dios.

75

Si te detienes a mirar las estrellas en su majestuoso esplendor, dirás: qué gran Creador, ¡Él hizo muchas y grandes! Distancias inmensas, luces con personalidad propia, silencios eternos, un todo; familias por la eternidad, y cada ser humano una estrella; y cada estrella un ser humano, al fin el mensaje es el mismo: mi prójimo es mi hermano.

76

Me llegó la inspiración, como una flecha invisible; luces fueron encendidas, la hora de dar paso a la sabiduría divina, aquella que sobrepasa la necedad y el espíritu soberbio es más que la pura letra o exceso de intelectualidad; lógica con sus postulados, si se olvida poner a Dios al lado, no pasa de ser necedad, si viene desde lo alto bienvenida siempre será.

77

Era una mujer callada, sus aspectos era de cansancio. Había trabajado tanto porque amaba
ser feliz, cuando quiso compartir su relación le
falló, el dolor la confrontó y fue madre muy soli-
taria. Pocos la comprendieron, pero Dios que no
estaba lejos recibía sus oraciones, renovando así
sus fuerzas. Él es Señor de señores.

78

Cuidado con la mediocridad. Es práctica común hacer las cosas a medias, sin calidad, sin pasión; la vida baja el telón, y llega el tiempo de actuar, el drama de nuestra acción demanda fuerza y labor. En todo lo que se hace siempre demos lo mejor; dejemos un legado precioso, de calidad, sin excusas y con decoro.

79

Estaba siempre vacío hasta que llegaste tú con tu gracia tan divina. Algo por dentro sucedió, nueva vida y ese yo, con orgullo y rebeldía, cambió como la noche en día, enseñándome verdades que se me escapaban por mi dañina ceguera; pude ver la luz serena, gran amor de mi Señor; ahora doquiera que voy ya no resalto mis penas, sino con grata confianza, camino en nueva vereda.

80

Dios mío, tú eres mi roca, mis pies firmes estarán. Cuando venga el huracán, con lluvias y tempestades, diré: Dios de las edades, que no tienes principio ni fin, tú eres mi paladín, tranquilo me quedaré; en práctica pondré mi fe y cantaré una canción, la escuchará todo el mundo y seré de testimonio, reprenderé ese demonio de temor y cobardía, y que llueva todo el día, Jesús es mi melodía, a mí me sacó del hoyo.

81

Cuando llegue la noche de mis dulces recuerdos, con la suma de años y vivencias hermosas, las espinas que a veces clavaron mi cuerpo no quitaron el placer de tantas bellas rosas. Las reuniones alegres, despedidas y cantos, juventud tierno encanto, dando paso a la nieve ese pelo cambiado, los reflejos tan lentos. Gracias noche del tiempo, al dolor le he ganado, los hermosos recuerdos para siempre han triunfado.

82

Todo empieza en la mañana, con la actitud correcta: saludar a las personas, como si ellos fueran tú, no fijarse en sus defectos, porque también tú los tienes; si regalas una sonrisa eso regresará una atmósfera de gozo, de compañerismo sano; como plato bien cocinado, nutritivo y con olor, hará el día mucho más suave, cada miembro de familia, ramilletico de flor.

83

En la unidad de la fe, siendo uno en todo tiempo,
no importa que demos espacio a la diversidad; el
espíritu nos da amor que es el fundamento, sea
tristes o contentos, crecer en Dios y su verdad,
la iglesia debe encarnar un ejemplo de respeto.
Otros serán diferentes, más no rompa la unidad,
es nuestro rostro, nuestra paz, lo que nos llevará
al Cielo.

84

La fama dura muy poco; lo mismo la belleza, la falsedad. La amistad es una joya, con los años es más bonita. El placer es como la risa, un dulce que se acaba pronto; sabiduría es pasaporte para saber conducirse, no airarse; al mal tiempo, refugiarse, y si falta algo, no quejarse, y a Dios siempre fiel.

85

No quiero perder el tiempo; es mío y sé que termina. Como las monedas en el bolsillo, poco a
poco las quiero usar, para con ellas comprar las
cosas que necesito; ese diálogo exquisito, sin
nada dilapidar; al que quiera lo quiero ayudar,
al que no quiera lo dejo quieto; para todos mi
respeto; cada instante tiene su precio, con eso
no quiero jugar.

86

Yo no te puedo cambiar, no está en mi capacidad; solo trato de entenderte, y aceptar tu realidad. Cada persona es un mundo, cada mente un universo, aceptémonos contentos para que reine la paz.

87

Temprano te buscaré elevando una oración re-
pleta de devoción, con toda sinceridad, a ese
Dios que me da ese precioso regalo, la luz del
sol, ver tan claro, con aire de libertad; por dentro
me lleno de paz, y creo que lo tengo todo, es mi
mayor tesoro, la gracia que Dios me da, te adoro
mi fiel bondad, misterio manifestado, altura, anchura y más.

88

Esta alegría creo que nace de tener la suerte de comprender lo que casi nunca se comprende, el nuevo día que se emprende, como esa nueva aventura; las mismas caras, la dulzura, el cambio que siempre se nota, todo cambia, hasta la rosa, ahí está la curiosidad; y se esconde una verdad que se extingue, que se agota, es la alegría de este día, siempre nueva, muy sabrosa.

89

Todo se puede acabar en un abrir y cerrar de ojos, la brevedad de la vida. Una caja de sorpresas, ¡gózate!, no hagas mal; endereza tus metas y las ganas de servir, que cuando te toque morir tu vida esté llena de vida, y cuando la muerte llegue, le digas: «Yo supe vivir».

90

Nunca amó, nunca lo supo, fue víctima sin saber
desde joven y ahora mujer; su niñez pasó veloz,
alguien jugó con su inocencia, un secreto nunca
dicho; pasaron los años, toditos, y un manto de
dolor la cubrió; tuvo un hijo, tuvo dos, probó tener una familia, aunque francamente sabía que
su dicha se marchitó; ella sabe y sabe Dios que
un milagro la pudo salvar. Hoy feliz se sienta a
pensar que el Señor nunca la abandonó.

91

Debemos resistir la violencia en cualquier forma de manifestación. Esta plaga es un terror que cala por todas partes, desde la apartada familia, que vive bajo el mismo techo, que comparten los mismos lechos, conversando cada día, pero la violencia los guía y se ofenden a cada momento. Ofensas encontradas en las calles, las escuelas, en el trabajo; oh, que Dios mire siempre hacia abajo dándonos mente amplia, sangre fría, para matar ese monstruo. ¡Violencia!, cual terremoto que nos quiere terminar.

92

La fe es más que razonamiento, aunque es un nuevo razonar. Dios se quiso revelar a corazones sinceros que quieren de veras saber la verdad de la existencia, el alma, el espíritu, la conciencia. Dios es más que la imaginación. La vida material es un impedimento para ver lo espiritual, un balance nos podrá ayudar a sacar el tiempo necesario, construyendo esa relación con el Eterno, el único que nos puede salvar.

93

Mi cuerpo es un santo templo, no lo debo manci-
llar, mucho menos maltratar con abusos y place-
res. Debo proveerle descanso y el alimento ade-
cuado, si considero que es de hierro un día me
voy a lamentar; después con el tiempo vendrán
enfermedades, todas las debilidades, el dolor y
los desgastes; muchos de esos problemas me
pueden hacer infeliz. Suaviza Dios mi cerviz, mi
vejez quiero gozar.

94

Cuán grandes son tus favores, buen Dios de misericordia. Nuestras palabras no alcanzan tantas cosas que nos das: la salud, pedazo de paz, un cuerpo maravilloso, después del cansancio reposo, comida para alimentarnos. Gracias por crear a la mujer llena de tantas virtudes, el hombre que complementa la vida con su placer; es tanto lo que hay que ver: flores, árboles y ancho mar. Señor, eres ese camino, no nos dejes extraviar.

95

Todos los niños son preciosos, manojos de dulzura, ternura; son caritas lindas, puras, océano
de inocencia, con limpias y santas conciencias
buscan quien les dé cariño y los cubra con una
sábana de calor; quien les quite el dolor, porque
ellos no lo entienden, son esponjas y no com-
prenden lo difícil de la vida. Un día serán el re-
flejo directo de lo que ven; si los aman harán el
bien, serán hombres y mujeres capaces de espar-
cir mieles y sanar la sociedad; pero si se le trata
con maldad el niño será envenenado, rudamente
se convertirá en malo y el mundo complicará.

96

No tengas miedo a la vida, busca conocerla mejor; si te conoces a ti mismo tendrás un futuro
mejor. Todo comienza en la niñez, cómo te cria-
ron tus padres, el cariño o el desprecio, la esti-
ma o la falta de amor. Levantarte es tu decisión;
romper miedos acumulados, como el que a una
montaña ha escalado es sudor recompensado.

97

Vida, eres simplemente vida; mil razones para
ser vivida; ojos para tanto mirar, disfrutar pai-
sajes, dejar cruzar lágrimas, conquistar un amor
aunque sea de niño tierno. Los ojos transmiten
cariño, cual cámara de bondad, como centro de
felicidad nuestros ojos son nuestros aliados, y
con ellos miraremos tanto como la eternidad.

98

Pensando estoy, en este preciso momento, en algo que de seguro tengo: mi familia; y vengo amarrado por la sangre, un grueso lazo. Mis hijos son los mejores, porque Dios los diseñó; la compañera que me dio complementa nuestra misión; con mucha fuerza y pasión enfrentamos lo que venga, tratamos de domar la lengua para evitar ofendernos; y sabemos perdonar sin distinción de posición, gracias te doy, ¡oh, Señor!, por la familia que tengo.

99

Tengo ganas de cantar, como lo hace un pajarito solo y feliz al infinito. Que mi canto se levante y llegue lejos, muy distante a los oídos de mi Dios, ese Ser que me creó y que me regala este instante para que tranquilo aquí hoy le cante, con esta pequeña voz.

100

Me levanté cuando caí; le sucede al caminante. Que nadie se asuste o se espante, si una piedra lo sorprende; de mil maneras se aprende, se nace y se muere así. La vida que recibí en los brazos de mi madre fue el regalo grande, la celebro muy feliz.

101

Marte, planeta frío y vacío, comenzamos a visitarte, a estudiarte y conocerte, buscando vida o sobrevivientes; de la forma más elemental nos podremos refugiar en ti de la maldición que tenemos; o hacia ti llevaremos nuestra ambición rapaz de que tu clima nos impida tan dañina contaminación. Hace miles de años que lo mismo te sucedió.

102

Al desprecio, madurez; al aburrimiento, trabajo; a la ignorancia, educación. Jamás mirar hacia abajo. A la frustración, establecer metas; a la
soledad, espiritualidad; a la falta de identidad,
propósitos. Amar a todos con igualdad.

103

Me imagino, te imaginas, todos imaginamos. ¡Oh, hermosa imaginación! Construye mundos diversos; a veces algunos versos. Te une con el pasado, brinca tan fácil al futuro, nos da placer y trabajo. Imaginar es vivir, también morir. Lentamente nos enseña la gracia del existir. Imagino caminando en ese viaje esperado, en la gente que he amado, en una canción diferente, en las veces que he fallado, y en quien muere de repente. Algo que no dejo de imaginar: cómo será ese momento cuando frente a frente con Cristo me vea eternamente.

104

Soy quien soy porque él quiso que fuera. Viví la posibilidad de no ser; el tiempo me incluyó en un propósito, si me iban a dejar de ser. Entré en una lista muy larga. Mi vida comenzó tan pequeña, sin habla, sin fuerzas, sin sueños. Comía y aprendí a reír, crecí con tantas preguntas, mirando a veces asustado, pero dichoso tener a mi lado el consejo de mis progenitores; me dieron lecciones preciosas, al punto donde me llevaron, la escuela del Dios que me hizo, un ser que no olvida su pasado.

105

Obedecer a los padres, promesa fiel y cumplir-
la. No hacerlo acarrea un derrumbe por falta
de bendición. Una sociedad sin visión, un futuro sin futuro. Debemos trabajar muy duro
para construir familias fuertes, no es asunto de
la suerte o de casualidad. Seguro se cosechará
lo mismo que se ha sembrado. Sin valores y sin
trabajo no se puede lograr nada, los hijos que
son obedientes y siguen estos consejos verán luz
en sus caminos, belleza manifestada.

106

Unidos a este universo, tan vasto e incomprensible; desde el concepto más simple, en una molécula vital, el Creador quiso dar pedazos de eternidad, regalo de su bondad, que va más allá de la muerte. El tiempo puede perderse en la escala de lo infinito; somos dichosos. Da un grito por este precioso regalo. Nos espera un mundo claro, con luces que brillan por siempre, veremos nuevos rostros de la gente al llegar a la otra orilla.

107

Semilla que cayó en buena tierra y dio frutos. El sembrador fue obediente, y se fue con su morral listo para trabajar con terrenos muy hostiles, aves y muchos reptiles. Un sol quemante también. Jamás podía entender su pesarosa tarea, pero sin quejas ni excusas trabajaba sin parar. Dios lo quiso recompensar desde el treinta hasta el cien. El crecimiento es de Él, solo se debe sembrar.

108

Quiero ser libre, cual ave volar, mirar y admirar; un cielo con nubes muy blancas, la anchura y la grandeza del mar. Los árboles hermosos y verdes, la gente en su caminar, la noche cual manto gigante, el niño que quiere llorar; hacer esas oraciones que rompen el techo del cielo, volando mirar las estrellas, lo bello de un aguacero; pero seguiré mi largo vuelo, porque otros mundos me esperan, el alma de mi cuerpo despega, misterio que no puedo explicar.

109

Me sorprendió la mirada compasiva de Jesús. Fue como rayo de luz que traspasó mi escuridad, ignorancia e incredulidad; destruyó grandes temores, en un desierto lindas flores; aguas sobre piedras secas. Comencé a mirar las estrellas, la belleza de la luz. Fue desde la dolorosa cruz donde mostró mis pecados, todo limpio y perdonado, como volviendo a vivir. Mi pasado sepultado, con su sonrisa sin fin ya soy otro. Gracias, Cristo, me sabe a miel el vivir.

110

Pedro impulsivo e inquieto a su Maestro siguió; tanto trabajo le dio manejar paciencia y humildad, su lengua suelta y sin freno prometiendo lo que no cumpliría; fue como gota fría en su alma de pequeño. Cristo lo despertó de su sueño, lleno de falsa grandeza, lo confrontó sin dureza, suavemente lo educó. Debes amar a tu Dios, nunca creer que eres fuerte. El Espíritu Santo trabaja en tu corazón y te dará plena razón, testimonio ante la gente.

111

Jesús, te amo, Señor, eterno hijo de Dios, siendo en esencia igual a Dios; viniste en forma de hombre para salvar a los pobres de espíritu y no de dinero, porque como lo viste en Zaqueo, cuando el corazón está feo, no importa tener o no tener, si debajo de la piel, si se esconde la rebelión, es por medio de la oración. Una búsqueda tenaz, hablando con la verdad, de espíritu a espíritu sincero, se encuentra el correcto sendero y la voz del más allá.

112

Cuidado con juzgar a otros, si también estás en el banquillo; hablar sin saber es delirio, locura de mentes vacías; el alma se enferma, se enfría; para dar un veredicto, solo el santo y el bendito que jamás cometió pecado pueden hacerlo y nunca es malo; busca perdonar a todos, y al mismo tiempo enseñar ese divino regalo: amar, amar y amar, sin juzgar a un ser humano.

113

Pasó sin ser advertida y nadie le abrió la puerta.
Cuando se dieron cuenta de su nombre y ape-
llido, descubrieron que se llama Felicidad, con
toda su carga de amor; vale más que todo el dinero, que los bancos guardan seguro, más que
los diamantes puros en las caras joyerías, con el
alma siempre fría, no se supo decidir. La mente
se volvió a confundir, decidiendo lo peor, dejan-
do ir lo mejor; perdiendo la oportunidad, sabiduría. ¿Adónde vas?, sin ti no sabemos vivir.

114

Muchos viven lejos de Cristo porque no le han conocido; algunos están muy perdidos porque el llamado han despreciado, y otros que se llaman cristianos, de tanto hablar de Jesús, se han olvidado que Él es luz y viven tan dejos de Él. Es lo doloroso de aquel que dejó de hablar con Dios, para dedicarse a hablar de Dios. El final de esta paradoja consiste en desarrollar una relación, diaria, personal, y con devoción, con el Cristo resucitado, que a tantos vida le ha dado y les espera en la otra ribera, cuando el final que a todos espera, brinde esa gran oportunidad: eterno gozo, eterna paz, junto al Cristo de la Gloria.

115

Nadie es dueño del futuro. Dios lo conoce muy bien; debemos ser siempre fieles y recibir lo que venga; las sorpresas son horrendas, más de lo que imaginamos, y a veces el ser que más amamos se va así de repente. El corazón se resiente, la mente no puede pensar, volvemos de veras a aceptar que todo es como una ilusión; lo material y la pasión pasan de mano en mano, pues nadie es dueño o soberano aunque pretenda ocultarlo. Es en la misericordia divina donde hay paz y somos hermanos.

116

Oh, misterio de la creación. Átomos, molécu-
las y ácidos, polvos de estrellas difuntas; soles,
cometas y más, el cuerpo y su complejidad, el
cerebro y sus neuronas; el valle, el río y la loma,
la vida pequeña e invisible, el pensamiento que
sirve, real aunque no se ve, la impotencia de la
vejez, la enfermedad que destruye hasta dentro
de los huesos; vivir y morir, ¡gran proceso!, la
sed de ver al Creador, y todo lleno de amor, inspira tanta belleza.

117

No se sienten, pero pasan, los años sí que se van. El tiempo no espera por nadie, nadie lo ha de domesticar; las dietas, los ejercicios, la vida sin preocupación, la comodidad y la belleza, todo se va y nada queda, solo el ser si es del Señor el espíritu renueva; no es parte de la materia, el alma regresa al cielo y el cuerpo vuelve a la tierra.

118

El amor y la amistad, muestra de lo que hay en el corazón; se celebra cual negocio, muchas veces sin razón. Si hubiera verdadera amistad nuestro mundo sería mejor, se matara el egoísmo y se ahogara el rencor. Amistad viene de amor y amor es más que pasión, se aprende a sufrir por el otro, siempre el otro es el mejor. Si queremos dar regalos, chocolates o una flor, primero dar un pedazo de un sincero corazón.

119

Soy libre, lo puedo gritar, nada me ata, no hay cadenas; mi espíritu es más que materia, a nada me quiero aferrar. La grandeza es pasajera, el poder contaminado, el lujo es ave que vuela, y afán que trae el trabajo; huir de lo pasajero, amar al creador de las cosas, decir al mundo no te extraño y mi alma muy libre reposa.

120

Carga tu cruz cada día, como lo manda el Señor, recuerda que ese dolor es parte de vivir en la tierra. La cruz de otros nos enseña que son pesadas también; cada día al amanecer, espera con sus colores, su tamaño y sus sabores; acomodada sin fallar, no se puede equivocar, ni tampoco despreciar, con amor siempre cargarla, hasta el calvario.

121

Tomás fue ese discípulo al que la duda atormentó. A su Maestro mil veces escuchó, y vio multitud de milagros; la vida dio a la hija de Jairo y la comida multiplicó. Hablaba con voz tan tierna que el viento amplificó. Tomás por dentro dudaba hasta de su propia sombra; fue padre de esa nueva escuela, y tiene muchos seguidores; por convicción son ya perdedores, en ellos ha muerto la fe, no ven al Dios que los ve, con un oscuro final. Cuán duro será encontrar la puerta que lleva al Cielo.

122

Mi vida tiene sentido porque conozco mi fin. Soy pasajero en la tierra, Dios me dio un alma que no muere, y un día verá el traslado a una dimensión de gloria, luz hermosa, paz sublime, hogar del mejor porvenir. Aquí se vive lo incierto; los años traen mucho dolor. Si la fe es verdadera, anhela estar con el Señor; verdad segura por siempre. Un regalo inmerecido como el pájaro que vuela y un día regresa a su nido.

123

¡Busca la sabiduría! Es riqueza sin igual, con los años te puede enseñar como es mejor vivir, también te enseñará a morir, sin miedo y sin tristeza; el árbol con su belleza, ramaje y mucho esplendor, es tan parecido a la flor; la diferencia es el tiempo, a ambos le llegará el momento de secarse y volver a la tierra; podrás librar muchas guerras, amasar una fortuna, levantar una familia con nombre reconocido, te espera ese simple nido, y todo terminará.

124

Incorregiblemente feliz, como parte de mi identidad. Si conocí la verdad, pasaje a la vida eterna, las cosas terrenas que tenga o que deje de tener, no dan valor a mi ser; siempre mantengo distancia, sin orgullo y sin venganza, a nadie le guardo rencor; que me proteja el Señor, es la vida que escogí. Cuando mis años terminen y tenga que dejar este mundo, en la vida venidera, mi alma juntita a mi Dios seguirá siendo feliz.

125

Si se acabara el agua, si se acabara la sal, si se acabara la luz y el sol dejara de alumbrar, si se acabara el canto y el regalo de pensar, si no hubieran más mañanas, ni aves para volar, si no existiera esperanza, ni hubieran niños para jugar, si las rocas cubrieran las flores, todo fuera como un muladar; porque hay Dios podemos vivir, tener todo lo que hay, seguros que la creación no es un quizás; Él la quiso regalar.

126

Como Daniel, no dejaré de orar; si se levantan calumnias o cualquier amenaza, confiaré en el poderoso porque Él me librará. Su poder y autoridad cerrará boca de leones, cambiando juicios y presiones que busquen intimidar. Dios, que sabe compensar, cambiará las circunstancias, haciendo del dolor una danza. ¡Así son sus maravillas! Mi barca llegará a la otra orilla, con esa oración intensa, acompañada de clemencia, misericordia y verdad.

127

No tener identidad es vivir siempre cambiando; la mirada disparando a tantos frentes diversos, ser nadie en el Universo, olvidando que el Creador por la gracia de su amor puso sentido en todo; su hermosura lo es todo, y tú eres su expresión, tan importante como el sol o una de sus grandes estrellas; la identidad es la seña, símbolo de todo valor. Dios que te quita el dolor, marcándote nuevas huellas.

128

Porque este misterio tan grande que rodea nuestra existencia, lo estudia la curiosa ciencia y el místico reflexiona. El que canta se emociona inspirado en lo que siente, pues en todo está muy patente la semilla de reproducción. Una nueva generación sustituye la pasada y trae nuevas cosas reveladas, amplia en conocimiento con el viento y todos los siglos pasados, el sol que tanto ha mirado, la luna con su silencio, ese cielo tan atento, al lloro de un niño pequeño. Viven, mueren tantos sueños, para volver a empezar.

129

Lo vasto del Universo y la mente que lo piensa es razón para la ciencia y para la persona común. La belleza del cielo azul, la distancia de las estrellas, los mares, plantas y la tierra, donde nace tanta variedad; el amor a la verdad, las palabras tan profundas, el saber en que se funda; cientos de expertos describen los estudios que provocan la duda o confirman la fe, hasta el ciego que no ve percibe que hay un Creador, respirando aire de vida, glorifica a su creador.

130

Qué triste es vivir sin Dios, aunque se tengan riquezas, salud, fama y mucha grandeza; el alma
no tiene reposo, nada producirá ese gozo aunque
compre la felicidad. Dudar, negar es peor. En la
búsqueda de sentido son tantos los que se han
hundido propagando el no creer, el Universo es
testigo fiel de ese Dios maravilloso; de la nada
hizo lo hermoso, y luego comunicó al ser humano y le encargó cuidar tanta belleza. Para pensar
la cabeza, para sentir el corazón, los sabios que
ignoran este don, vivirán vidas amargas, en sus
momentos finales terminarán sin razón.

131

Cuando veas las montañas con sus rocas mile-
narias, altas, imponentes, hermosas, debes pensar que un día fueron vírgenes. Nadie construyó
sendero para alcanzar la cima; ejemplo de que no
todo se logra fácil. Impedimentos y reveses mue-
ven a pensar en subir, pero hay que atreverse sin
miedo. Existen muchas montañas; hace historia
quien resiste y al que arriba se atreve a llegar.

132

Qué hacer con estos años. Regalo que todos tenemos, larga ruta desde niños, y tanto para aprender; al mismo tiempo mucho hacer, o tal vez no
querer hacer nada; al final de la jornada vendrá
una evaluación. Se vive con mucha pasión, se sirve al que menos puede; otro simplemente prefie-
re la regla del egoísmo, olvidando que es un abis-
mo, porque todo lo que se adquiere es prestado;
lo que es de corazón, siempre recuerda al más débil; que nos ayude Dios y nos pruebe antes que el
camino termine.

133

El oído grande de Dios, siempre escucha tu clamor; si lo haces de corazón, consciente que él siempre escucha, conoce tu nivel de lucha, con los peligros que trae; nadie se puede escapar, estar solo y a nadie llamar. Puede ser el final de la vida, que la esperanza siempre viva, fortaleciendo la fe; y aún al llegar la vejez, la bendición llegará. Tu alma vivirá en paz, en contacto con el Eterno, Padre Santo, siempre tierno, y rebosando de amor.

134

Si Dios me ha llamado, presto responderé. Ejer-
citaré mi fe, obedeciendo contento; Él es mi pan,
mi sustento; muero de frío en el alma, huyendo
de quien me ama y me quiere bendecir. Veo a
muchos sufrir, entre la incredulidad y las dudas,
y por falta de ternura, las tormentas les arropan;
cuando el alma no reposa, viene la calamidad.
Montañas de soledad, y el más grande tropezón.
Muchos caen de sopetón hasta que abran los oídos y escuchen esa voz: yo te llamo, soy tu amigo.

135

Silencio, parte indispensable en el transitar de mis días; contigo entro en permanente diálogo, te deposito mis temores, mis más ardientes anhelos, en noches largas. Despierto hago sobre mi almohada mis más íntimas confesiones de aquellas cosas que me siento orgulloso, y de las que siento vergüenza; conoces mis sueños, a quienes amo de corazón y también a quienes tengo en la lista de conocidos comunes; vine de un mundo de enormes silencios y un día regresaré al silencio eterno; pero como rompe el alba, construyendo un palacio de luz, tu presencia, santo Dios, será la única voz, el final de mi silencio.

136

No a la pereza, sí a la laboriosidad; no a la depresión, sí a una mente positiva; no a la ambición,
sí a la generosidad; no al aislamiento, sí al compañerismo; no a la autosuficiencia, sí al deseo
de aprender; no al fanatismo, sí a la espiritualidad sincera; no al orgullo, sí a la humildad; no al
temor a la muerte, sí al vivir plenamente; no al
rechazo de las pruebas, sí al encontrar sentido a
todas las situaciones; que ese sí sea consciente y
consistente.

137

Sigues detrás de la verdad, en teorías y en hechos; a veces se puede fallar con palabras que
siembran dudas, críticas muy fuertes y rudas;
maestro de la incertidumbre busca esa luz que te
alumbre, que viene del trono de Dios, porque Él
fue que nos creó, siendo la última verdad; el ori-
gen de la piedad, la fuente de todo amor, oído de
todo clamor, final de todo camino, el alma que
de Dios vino clama por su creador; y todo hombre es deudor de la verdad eterna, por ella vivo.

138

Si Dios perdona al más malo, como al bueno que es imperfecto, es necesario perdonar y a Dios no perder respeto; el perdón sana y libera, quita una mancha muy fea; perdonar es lograr paz, huir de una fuerte prisión, cambiando rabia por gozo, limpiando ese corazón. El daño puede ser grande, capaz de matar el cuerpo; si se aprende a perdonar, llegarás a un seguro puerto.

139

La paz que he recibido de Dios vale más que oro o diamantes. Si tengo que que valorar lo que poseo, nada supera esa paz; si viene la enfermedad, no sufro ninguna impaciencia; el insulto, la inclemencia ya sea del verano o el invierno, jamás me quitan el sueño. Por dentro hay serenidad, cual agua profunda que va regando todas sus orillas. Es una tierna maravilla, el castillo de la felicidad.

140

Dios eterno, indescriptible, de mil formas revelado. A los sabios confundes, mentes simples te
han hallado; quien te quiere describir queda cor-
to de razón; si alguien busca hablarte, y amarte,
encuentra esa relación; no te escondes, nunca
huyes, estás presente hasta en una hormiga; la
gota de un aguacero te adora con su caída. Dios
distante, Dios cercano, tu oído fiel nos inclina.

141

Las fuerzas de la naturaleza, potentes, en orden, seguras, millones de años perduran; la ciencia es testigo y la estudia, profunda verdad, exactitud; lógica mezcla de virtud. No todos lo pueden saber. Buscar la razón de ser en este pequeño cerebro, un enigma de gran diseño que mi Dios supo hacer.

142

La pereza es contagiosa, y madre de la impro-
ductividad; contribuye a la ignorancia. Viajar sin
una ruta clara, millones que no hacen nada. Es
dulce vivir esta vida, explotando el pensamiento, trabajando para el sustento y siendo ejemplo
para los que empiezan y no morir en brazos de
la pereza. Los que llegan a la vejez, preguntando
en qué se me fueron los años, a sí mismos se hacen daño, porque vivieron sin fe.

143

Invierno que cada año despliega tu enorme frío, helando lagos y ríos, castigando la desnuda piel, a través de ti podemos ver la potencia del Creador, el balance con el calor, la vida y también la muerte; la impotencia ahí presente por ser los humanos siempre pequeños; este misterioso diseño nos hace reflexionar, escondernos y esperar el paso del fuerte frío, haciendo una oración sincera que diga: ¡Gracias Dios mío!

144

Entender o hacer preguntas, derecho de todo ser pensante; el cómo existimos y fuimos hechos, el ser y su potencialidad, donde está la capacidad, en lo hecho o lo que podemos hacer, todos los años ya idos; los sueños luego vividos, o los que nunca pudieron ser; la lógica de parecer, la ilusión de un espejismo: ser igual cuando vivimos, y buscar en quién creer.

145

Si las palabras que salen, con falta de sabiduría, causan heridas profundas, que Dios nos enseñe a hablar, con luz saber procesar, el trato con nuestros hermanos y mucha cordialidad; es tan fácil perder la paz cuando se pierde el respeto, se ofende sin ningún derecho, creyéndose superior. La vida es como una flor, ¡tan rápido deja su existir! Que nadie cause sufrir, y menos que hable con maldad.

146

Cuando llegan los momentos de oscuridad y confusión, te llenas de Dios como dirección para no perder la calma. Todo el que le busca le halla; Él es un Padre presente en este mundo que extravía la mente. Hay tantos enfermos; sus vidas parecen un infierno, no saben adónde ir, y no quieren oír la Verdad. Los recursos de esta tierra tienen limitaciones, es poco lo que pueden hacer; un milagro podrás ver, pues Él te dará la victoria.

147

Ser feliz es más que sentirse bien en el momento, padecer o quejarse, poco aliento; es vivir y estar consciente que se vive, buscar la mirada de algunos ojos que te miran y quieren que los miren; pensar y recordar ese pasado, cargado de amor y sentimientos, amores sagrados de los padres, amigos que se han ido, ya están muertos; ser feliz es tener y no tener nada, saber que en un momento se termina todo, es tanta la emoción que nos envuelve, se siente cuando río o cuando lloro; y vale más que plata, más que oro.

148

Al fin llegaste año querido. Tus hojas comenzarán a caer. Eres hoy; serás Ayer. Tu secreto es tan profundo. Eras bueno, serás malo, o simplemente serás, para algunos la verdad, para otros una pregunta. ¡Oh año que a todos nos junta!, montados en el mismo tren. Eres un regalo precioso; para el niño que aprende, para el viejo que desaprende; el cuerpo se gasta, el espíritu no cambia; porque no está hecho de materia, la vida es enigma llena de cosas preciosas. El Año Nuevo es una prenda.

149

No debemos vivir la maldad, ni en práctica ni en pensamientos. Llegan esos precisos momentos cuando queremos mostrar poder o autoridad; el desafío que provoca la amenaza de un contrario, ese es el escenario de actuar o de hacer silencio; Dios nos trabaje por dentro para matar nuestro ego; intentemos caminar el sendero de parecernos a Dios.

150

Lindo estar en la frontera de un año que se aproxima, lleno de nuevas promesas, o lo que traiga la vida; éste llegó a su final, con pesares y dolores, pero en él también nacieron flores, se mezclaron emociones, desgarradoras separaciones; con tanto miedo al mañana, al entrar a un calendario, donde comenzamos otra vez. Dios nos aumente la Fe para mantenernos sanos.

151

Todos somos iguales, aunque muy diferentes.
Con el tiempo vemos que es tan fácil cambiar
los dolores, los golpes, el placer pasajero, con los
años vividos, empujados a pensar; abundancia
de cosas, el leer libros, conversar de mil cosas;
preguntar sin parar, muchas veces creerse un
experto sin serlo, ya cansado entender, pero ¿de
qué sirve el afán? En las mismas bajadas, termi-
nando el trayecto, solo Dios nos conoce; se vive
solo un momento, los segundos se van.

152

Quiero hablar, y no hay palabras; lo que siento
es especial. He podido comprobar esos momentos de gloria, donde la real victoria, es más que lo
material. El alma se puede elevar a sentir lo indescriptible, místico, indefinible. Es más que una
oración, pues mueren orgullo y pasión; se entra
por otra puerta, la carne queda como muerta, el
espíritu domina. ¡Qué dicha tan grande y divina!
La luz de Dios ilumina, y siempre es más dulce
callar.

153

De mañana te buscaré, abrazado a ese silencio,
cuando todos los mortales descansan y duermen
a la vez. Qué dulce es orar y meditar en completa intimidad; vaciar la mente y quizá sentir que
nadie interrumpe; ni el dolor puede dañarme;
es un territorio sagrado, muerte o vida, nada es
malo cuando se habla con Dios. Él ocupa todos
los lados, nos arropa con su amor; luz brillante
como el sol.

154

No me dejes claudicar, perderme en mares de dudas, creer que navego solo, cuando tengo el mejor Capitán. Son tormentas que se van para recibir la bonanza, para ser buen marinero. Por ahí se ha de pasar, pero eso no es el final. Hay gozo en la otra orilla, bellezas y maravillas, de seguro tiempos mejores, con paciencia y sin temores, se necesita creer, aferrarse a esas promesas. Dios permanece fiel.

155

El nuevo año se acerca, bueno es poderlo ver,
entrar con grato placer a una nueva aventura:
sin saber dónde nos lleva, o cuáles serán sus sorpresas, que Dios guíe nuestras cabezas para no
desesperarnos; de lo bueno aprovechemos y de
lo malo aprendamos. Es tanto lo que se puede
hacer consumiendo un año entero; si hay des-
cuido y poco esmero, este también pasará; el
tiempo se va fácil cuando no existe una meta;
las manos quedan vacías. No valen excusas.

156

Tiempo de agradecer, por todo lo que ha pasado. Un año con todas sus penas, también con sus alegrías. Saber que todo termina, así lo estableció Dios. Avanzamos a un nuevo año, sin saber lo que traerá; oramos que traiga paz y sea de mucha salud. Padre Eterno, danos luz, paciencia y perseverancia, para abrazar cada año, sin miedo y con mucha confianza.

157

Celebramos Navidad, tiempo de amar y compartir, sin dejar de recibir el mensaje verdadero.
Jesús nació. Hizo nuevo un pacto de redención;
más que comida y mucho humor, es tiempo de
crecer en la Fe, mirando al que siempre nos ve; y
vino directo del Cielo, trajo luz, un nuevo sendero para conocer al Padre. Nos llama a obedecer,
humillados, para responder al niñito de Belén.

158

Esos pastores olvidados, sin tener nada, en soledad, jamás soñaron ser testigos de tanta dicha y felicidad. Ante sus ojos asombrados, una creatura que lloró, junto a una madre que traía al niño soberano: Dios. Y qué decir a este misterio; cómo explicar tal evento; solo adorar y callar con el corazón contento.

159

El sol, las estrellas, la luna y todos los cuerpos celestes, de nueva luz se vistieron. La noche que el niño nació, el corazón de María quería salir de su pecho, sin entender todo esto: su cuerpo instrumento de Dios, su matriz se transformó en algo tan puro y sagrado, el Espíritu Divino sus órganos santificaba y esa vida se formaba, en un desarrollo lento. Ese ser feliz, contento encarnaba la Eternidad, para traer la verdad que los sabios ignoraban.

160

Niño maestro, niño Rey, viniste a este mundo a nacer con el cuerpo que diseñaste. Cuando a Adán y a Eva creaste, y le diste corazón, las gracias damos buen Señor, por ser grande y pequeño a la vez. Belén capturó la atención del universo completo. Jesús estableciendo el derecho, con amor por cada vida; el niño es joven, fuerte y anciano, su ternura todo abarca; demos todos alabanza por esa noche bendita, celebrando en nuestras cuitas, el milagro de nacer.

161

Porque naciste Jesús, las flores tienen nuevo aroma, la mirada de Dios se asoma, para dar ese regalo de cambiar desgracia por dicha, derrota por grandes victorias, un pasaporte a la gloria, rescatar la humanidad. En un simple cuerpecito se encerraba tanta fortaleza; los sabios no podían ver el secreto de lo Eterno; la perdición y el infierno reducidos a la nada. El niño con tierna mirada conjugó el amanecer.

162

Niño que naciste en Belén trajiste riquezas en tu pobreza; alegría y eterna fiesta a un mundo desorientado. La historia cambió, todo claro, luz de amor que alegra el alma, tu imperio eterno no cambia, otro sería el final. Ese niño pudo dar perdón y misericordia, era y es camino de gloria. Los grandes nunca entendieron que Navidad es el lucero de ese nuevo amanecer: ¡El niño nació! Plan eterno, cantemos y hagamos el Bien.

163

Niño que naciste en Belén. Con manos peque-
ñas y tiernas, ojos que parecían estrellas, sonrisa de atardecer, tu suave y hermosa piel, con
piececillos de mármol, un día llegarían al Calvario perforados y sangrientos; gracioso como el
firmamento María te contemplaba. Una lágri-
ma brotaba en el bebé, por lo que dijo el profeta: muerte y resurrección; era humano el cruel
dolor, y de la madre la impotencia; a todos nos
tomaba en cuenta el herido sanador.

164

Y María meditaba en un profundo silencio; el anuncio del profeta, por dentro la devoraba. El niño recién nacido traía sangre, y con larga espada dividía el mundo en dos: la luz que el Cielo reflejó, y un mensaje angelical; el plan de Dios, sin igual, irrumpía en el oriente, sin olvidar el occidente. Portador de fe y salvación, una campesina, tierna flor, acogía en las entrañas de Él, niño de alma pura. Dios en forma de hombre, para que nadie se asombre, es un misterio de querer nacer.

165

El anuncio vino al mundo, como rayos de un nuevo sol: nacería un Salvador, con poder y con humildad, en un rincón de la tierra, sin lujos, sin celebración; los ángeles cantaban canciones, el cielo se llenó de una luz jamás vista en el Universo. Fue en ese alegre concierto, mientras Roma lo ignoraba, María con dolor lloraba; sus días se habían cumplido, el niño Dios así vino, para cambiar la Historia.

166

Con sus altas y sus bajas, la vida es bella al cuadrado, con esfuerzo y mucho trabajo. Las manos producen frutos, es bueno probar el producto, por un tiempo porque todo es prestado; ese cuerpo que Dios nos ha dado, primero niño y luego un anciano. Nos da siempre el cariño de hermanos para celebrar, construir y descansar. Luego esperamos la muerte, recordando los buenos momentos; aprender del dolor y el tormento, balance que a todos nos toca; ¡Qué bueno vivir, ver las cosas, y siempre de bueno reír!

167

Porque vive Dios, vivimos. Y esto no es casualidad, es la pura verdad. Todo aquel que contradi-
ga, usando ciencias o saberes, Dios asigna los deberes, y la ruta a seguir. Cómo vamos a morir, es
un secreto escondido; somos aves con su nido, y
otros seguirán el ejemplo. Somos sagrados como
un templo, sin importar la posición, somos iguales y es devoción, agradecer este regalo; se termina a buenos o malos, y nos enfrentares ante
Dios.

168

Misterio que no puedo entender, ni tengo la capacidad, en todo lo creado se esconde lo que nadie al fin conoce. Intentamos descifrarlo, explicarlo, compararlo, dominarlo, pero es inútil, este ciclo de la vida nos traslada a un nuevo nivel. Solo Dios sabe qué ha de ser, después que pase el momento, en cada ráfaga de viento, noche que llega o se va. Pasan cosas, la humanidad vive bajo el misterio; algún día se quitará este velo, y veremos la verdad.

169

Las guerras y las peleas no nacen en el fusil, mucho menos en el cuchillo o una boca desenfrenada; es el corazón donde emana como un arroyo que se transforma en río. Nuestro mundo se desgrana, con luchas en el hogar, enfrentamientos sin cesar. El odio, como un volcán, trae divorcios y discusiones, y muchas instituciones terminan hechas pedazos; con el amor del Eterno, y una transformación interna, la humanidad puede cambiar.

170

Moisés fue llamado a servir como libertador de
su pueblo, bajo el yugo de El Egipcio. Dolor era
su comida, a la hora de la partida; el Faraón dijo
que no, nueve plagas Dios envió, pero su corazón no cedía; como último recurso, el ángel de
la muerte golpeó, el primogénito mató en cada
familia no hebrea; porque un poco de sangre cubrió, como vacuna divina, las promesas que no
fallan. Cuando se cumple su plan, siempre la fe
y la obediencia nos libran de todo mal.

171

El pasado ya pasó, con sus glorias y miserias;
es película en la memoria, ligera, alegre y fugaz.
Nadie puede reparar los daños causados a otros,
lo único posible es construir un nuevo presente,
pedir perdón y, aún ausente, reconocer la maldad, la ignorancia al dañar a alguien toda la vida;
pero el tiempo se termina, porque otros nacerán;
que a las nuevas generaciones Dios las enseñe a
hacer el bien.

172

Estar solo, no es sentirse solo o abrazar la soledad. Momentos de profundidad y crecimiento espiritual son propios del que sabe aprovechar esos instantes; es como una enorme ola que cubre los pensamientos, como brisa que empodera el momento; rompimiento de la bulla vacía, huir de la fantasía que vemos por todas partes. A Dios damos la mejor parte cuando a solas le buscamos.

173

Mantén guardia permanente contra la depresión y la ansiedad, flagelo que en nuestros días,
a tantas vidas destruye. No importa la edad, o
la apariencia, la mejor forma de escapar es ocu-
pándonos y sirviendo; pensar en el bien de los
otros, es ungüento que hermosea el rostro, porque trabaja por dentro; es de cada alma sustento, medicina celestial. Dios a todos nos quiere
sanar, ayudándonos unos a otros.

174

El Dios que cuidó a Israel, cuando vivían en Egipto, en medio de plagas diversas, donde miles perdieron la vida, la orden que vino de arriba, les indicaba esconderse en sus casas, guarecerse, igual que lo hacemos hoy, sin temor y con valor; la liberación vendrá, la crisis terminará y seguiremos marchando, y nuevas victorias ganando, porque las promesas no se olvidan. Veremos abundancia de vida y un final junto a Él, con la frente alta; con plena seguridad gritaremos ese Amén.

175

No es lo mismo el mucho hablar, que vivir lo que se habla. Somos reos de nuestras expresiones; cuando las acciones difieren la facilidad de herir es como una maldición. Cuando santos y pecadores caen en el mismo hoyo, las carcajadas del demonio suenan como melodía infernal. Debemos humillar la mente aprendiendo a guardar silencio; y si llegara el momento, que empuja hacia el descontrol, frenos buenos danos Señor, para que no gane Satanás; tendremos un mundo mejor, rodeado de serenidad.

176

Quien aprende a perdonar se convierte en sepulturero del odio, el rencor y la venganza; nunca se visita a esos muertos, ni le llevan flores.

177

Es bueno tener amigos, difícil es mantenerlos; con el tiempo pasan cosas que destruyen la amistad. Encontrar fidelidad con respeto y mucho amor, es raro que alguien lo haga; sobresale la traición, muchos amigos que se venden, sin razón se van con otros, aunque engañan con el rostro por dentro viene la espina; es mejor que no sean muchos, pero que sí verdaderos; vendrán a llenar un vacío siendo fuerte como el acero.

178

Seguiré orando, porque así tendré fortaleza. Venceré toda pereza. La compañía Divina será como mi respiración; la mano gigante del Señor, vendrá como fiel socorro, porque desde la mañana corro a humillarme de rodillas. Oh que inmensa maravilla, alguien escucha mi clamor; y mezclo con lágrimas y sonrisa lo que sale de mi corazón; siento como una suave brisa, caricias a mi espíritu y entero ser. Como copioso aguacero, vuelvo a orar con más esmero.

179

Jamás pierdas la esperanza, aunque la noche
sea larga y fría; en el Dios que tú confías se pro-
yecta un futuro mejor; al duro invierno provee
calor, no deja que la tierra te trague; es pañue-
lo en día de duelo, cuida al niño inocente que
duerme, envía ángeles en peligro inminente. Te
señala, te distingue, sabe quién eres entre toda
la gente. No lo olvides, sigue fiel, aguardando a
sus profetas; seguros y a ti te aguarda también.

180

No dejes de hacer el bien, aun cuando no veas recompensas. Dios te ve, como también tu conciencia, y disfrutarás de mucha paz. Quien de lo que tiene no da será pobre verdadero; al fin el oro se convierte en cobre porque le falta el valor de la generosidad; las sociedades, los pueblos, y también las religiones, engrandecen corazones, y prueban sabor a eternidad; porque la santa verdad, se dio así mismo, por entero y con dolores.

181

Con una mirada profunda, observando el firmamento, mi mente pensaba y pensaba en lo rápido que se va el tiempo, o muy lento; cuántas experiencias se viven, y más se dejan de vivir. El amor que no se pudo, la amistad que fracasó –ese engaño que siempre duele–, la espiritualidad que murió: las nubes siguen pasando, la mirada no se mueve, queda viva la esperanza si la fe nunca se muere.

182

El privilegio de pensar, comparar, recibir, des-
echar; es el mayor regalo de una mente saludable; el peligro está en quien hable creyendo
saberlo todo; con los años aprendemos que
nuestro pensamiento también cambia; nuestras
ideas y juicios casi siempre nos traicionan, pero
seguimos pensando, con la sensación que se
vive, como cuando subimos una loma.

183

Como grandes olas que golpean una embarcación, tendrás que recibir esas cosas, con poten-
cial de matarte, mas no debes acobardarte; a todos le llegará, si te refugias en Jehová, sin dudas
podrás resistir, heridas recibir, pero eso no es el
final; cuando todo pase podrás cantar, y hablar
con toda confianza; lo vivido es aseguranza, experiencia de alto precio. El que huye dicta su regreso y su enorme cobardía; vencer esas gruesas
tormentas es el regalo del día.

184

El pecado es transgresión. Romper las Leyes Divinas, perdiendo la ruta correcta, acarreando perdición, es más que un error mental; aunque destruye la mente es más que ser muy decente y dueño de buena moral. El pecado está presente donde menos sospechamos. Puede contaminar a un santo, dividiendo los hermanos; la sociedad cae postrada a los deseos del pecado; los ricos caen en su garra y no se salva el anciano. Dios nos libre de este mal por medio de Jesucristo; el perdón de Dios reverdece un jardín que está marchito.

185

Gracias Señor por mis manos, complemento de mi cuerpo; con ellas puedo agarrar aquellas cosas que benefician mis deseos. Desde niño entendí su utilidad; me hacen el trabajo más fácil, agarro un libro, lo sostengo, lo leo, todo porque tengo esas garras que son mías; para orar puedo juntarlas, levantarlas muchas veces; con los años débiles son. Las manos del Salvador, limpias, santas y heridas, recuerdan la despedida, de una madre que se va.

186

Pero Dios estaba ahí, aunque tú no lo sentías;
como la clara luz del día, o el viento que roza la
piel, Él es real en la mujer que amamanta una
creatura; su presencia todo satura, aunque no
hayan emociones. Dios es más que las pasiones,
que son y dejan de ser; la mente no podrá comprender todo lo que vivimos, observamos, com-
partimos. Es tan complejo todo esto: la naturaleza, el regreso de un lugar especial, mezclar reír
con llorar, pararse frente a una tumba, un adiós
que rompe el pecho, abrazar felicidad; en todo va
el Poderoso con su agradable dulzura.

187

Si desperté este día fue porque Dios me cuidó; otra oportunidad me dio para vivir plenamente, amar a toda la gente, apreciar la luz del sol, aprender nuevas lecciones, brindar amor a mi familia. Es un grato privilegio, no importa la dificultad. Los buenos días son más, hay más risa que dolor; es tan especial poder decir: «estoy vivo hoy».

188

Cada vez que muere un familiar cercano, sea un padre, madre o hermano, se recibe una fuerte herida. Cuando termina una vida, otras vidas quedarán, larga fila y seguirán unos detrás de otros; y con el corazón roto, hasta que llegue ese día en que todos irán. Es la ley de esta existencia, momentánea, veloz e interesante. Se vive por un instante y se puede dejar una historia, si se vive, como Dios quiere, será transportado a la gloria.

189

Es posible que tengas sueños que no has podido realizar. Si por años ves morir o fracasar tus renovados intentos, pide a Dios que dé sustento para tratar de nuevo. Es más dulce el fruto más alto porque exige mucho esfuerzo. No todo en la vida es cierto, incluyendo los que soñamos; héroes hay que nunca alcanzaron lo que la gente esperaba, pero Dios los saludaba, por la persistencia que triunfó.

190

Semana para dar las gracias, por todo lo recibido, a un Dios que todo ha creado, para beneficio de sus hijos. Por la comida de cada día y
la tierra que la produce; por el deseo de comer
y la compañía de la mujer y el hombre; gracias
por la comunidad y todos los que colaboran. El
suave sonido del viento, cada pequeño detalle,
cuando paseamos por las calles, todo se convierte en alegría, esperanza y placer; es tiempo de
no callarlo. Sí, gritarlo es un deber.

191

A veces imagino montarme en la máquina del tiempo y regreso a esos momentos cuando mi vida empezó. La niñez que se escapó dejándome un mundo tan bello; observar mi alrededor, aprender a cada paso con los amigos, los oabrazos, sin dejar las travesuras. Llegar a la juventud con una fuerza colosal, creerse eterno sin pensar que esto también pasaría; etapa de tantas alegrías que transportó al casamiento; ver hijos amados, muy cierto, lo que mis padres decían. En la vejez que ellos vivieron seguro se asemejaba la mía, mi pensamiento era cierto, pensaba lo que vivía.

192

Me gusta vivir en el norte de los Estados Unidos, porque este ha sido mi nido por muchos años felices. El clima siempre lo disfruto, con esa linda variedad la primavera que nos da un mundo pintado de verde; el verano calurosamente rebelde, capaz de quemar las espaldas; y el otoño multicolor, seguido de un congelante invierno. Y las gentes, escondidas, Dios preserva nuestras vidas en nuestra hermosa región, dándonos una bendición y hermosura de por vida.

193

No se puede detener, porque donde hay vida hay movimiento, como hoja llevada por el viento, o un tren que no puede par. La vida tiene que seguir, el anciano tendrá que morir al tiempo que un pequeño nace; todo lo que se hace es presente en el momento, para luego pasar a la historia. Se termina toda gloria, las fuerzas escapan por igual, nada se ha de quedar; cenizas, polvo y puñados de recuerdos. Dios que es nuestro dueño, así lo quiso diseñar.

194

El pecado es enfermedad que daña la sociedad, robando la felicidad en países pobres y ricos. Afectó a la primera pareja como un virus que vive escondido. El Apóstol Pablo lo dijo: de este no me puedo librar. Buena conducta. Alta moral, esfuerzos insuficientes; ni aún el poder de la mente o una vida religiosa entregada le da a la gente la medicina, a un alma infestada de pecado que busca vida y sanidad. Solo la Divina caridad del sacrificio de Cristo puede salvar al pecador, quitando esta mancha fatal.

195

Aprender a dar gracias por los favores recibidos, aun el ser más desagradecido recibió tantos favores. El niño al venir al mundo unos brazos lo recibieron, el alimento le dieron, lo ayudaron a caminar, y tuvo maestros para que supiera hablar. Todo un equipo de amor, nadie puede por sí solo. Dios es ese enorme regalo, sin importar la raza o el rango a todos nos quiere ayudar. Hoy nos vamos a enfocar en la virtud de dar gracias.

196

Aprendí a mirarme por dentro y grande ha sido mi sorpresa, porque ahora entiendo lo que soy: un ser carente de amor, compleja personalidad, una guerra encarnizada entre el bien y la maldad. A veces me toca reír, otras veces disimular; enseño la parte que quiero, lo malo lo quiero ocultar, cuando he llorado por dentro, por fuera la risa presento. Difícil dejar ver lo que siento, pero eso soy lo que soy. Donde quiera que voy, Dios me regala el aliento.

197

No tengo riquezas ni poder. Soy simple humano agradecido de mi Dios, con la oportunidad
de respirar y caminar con libertad; así quiero
permanecer. Algunos días claros serán, con sol
brillante; a veces observaré llover melancolía
sin claridad. Nunca una queja tendré, pues todos serán mis compañeros; lo que ellos tengan
respetaré, me siento rico por entero.

198

Si tus fuerzas se han agotado, no puedes dar un paso más, clama al Dios de la bondad, fuerzas nuevas te dará. Su poder es energía, aliento divino que levanta, solaz y linda bonanza. ¡Oh regalo tan especial! Nada me puede derrumbar. Las pruebas son vitaminas, diplomas ganados en vida, compañeras, fiel amiga, premio a la fidelidad. Un solo día en tu presencia me basta para ser feliz. Nadie puede vivir dos días, sino uno a la misma vez, sin rencor, libre de envidias. Dios hizo esta maravilla: tiempo, mente y este cuerpo debajo del firmamento. Sabor creado por Dios, hoy debo elevar mi voz, expresando gratitud, y que nos alumbre la bella luz. Cada nuevo amanecer lo podemos compartir; esta dicha de vivir se convierte en melodía.

199

Nadie quiere que se muera esa persona que ama, pero la muerte no espera y un día se la llevará. Es la pura realidad, batalla de los mortales. A todos nos llegará el momento, el cuerpo tierra será, la materia original cuando todo comenzó. Hay que vivir mientras haya vida; el alma es otra cosa, el tiempo no la destruye, aunque prendida del cuerpo un día por siempre se separará. Luego viene la eternidad y el misterio revelado, la transición, el pasado, todo lo que se vivió. La presencia de nuestro Dios en la puerta de la gloria constituye esa victoria, el miedo a la muerte acabó.

200

Veo claramente una coincidencia entre las palabras duras, hirientes y acusatorias, de quien las pronuncia hacia los demás, cuando el culpable es quien habla.

201

Él me buscó sin yo buscarle, era yo el necesitado, como oveja que se pierde estaba a punto de caer; pero su amor, siempre tan fiel, me alcanzó; bello momento que no fue antes, lo lamento, misericordia llegó a tiempo. Hoy siento gozo, puedo reír, se terminó tanto sufrir, la vida tiene otro sentido; soy del equipo redimido, puedo gritarlo sin parar.

202

Salomón con su riqueza y sin igual sabiduría descubrió que es vanidad todo por lo que luchamos. Es vanidad la belleza, adquirir el primer lugar, lo agradable al paladar, y aún el más dulce placer, por mucho que logremos tener, el rey es igual que el mendigo; la vanidad es fiel testigo que nos juzga por igual. Solo Dios puede llenar el vacío del corazón; una experiencia sublime, eterna y sin comparación.

203

Una cosa es decir yo te amo; otra cosa demostrar ese amor, sacrificio con mucho dolor, prueba fiel de un corazón que ama. Afrontar las tormentas que llegan, la familia, y saber conversar, muchas veces callar con derecho; a veces hay que ser perdedor si se quiere ganar. La juventud que se va, poco vale, porque la belleza está en el alma. Con los años se ama aún más; no hablemos jamás sin sentirlo, que el mensaje supere las palabras; con los hechos demuestra la verdad.

204

El cuerpo, la persona y la personalidad son parte integral y el diseño que Dios ha dado a cada ser, sin importar dónde vive, su color o capacidad; es una combinación que no se debe cuestionar. Jamás se debe envidiar y es pecado comparar. En una cuna se empieza, el bebe no sabe nada, en la caja vendrá el final. Los muertos no tienen rangos, a la tierra se regresa, porque de ella salimos. La gracia de un ser divino es una nueva dimensión. Aceptemos el comos somos y demos gracias al Señor.

205

Me levanto, agradezco este regalo que se llama día; entero tiene 24 horas, debo concebirlo en minutos y segundos para trabajar, alimentarme, reír, hablar, escuchar, dirigir, recibir órdenes, adorar, abrazar, viajar, regresar; cientos de operaciones que colman mis horas de sabor, dolor y agradecimientos. No puedo ni debo dudar de tener, cuando mis ojos se abren, un nuevo día, esa inmerecida dicha de vivir.

206

De tus hojas amarillas y tu inestable existencia eres otoño una muestra; de los años que se van, el invierno te persigue, los árboles se desnudan, tu final es breve duda; parecido a la adultez que antecede a la vejez, anticipo de la muerte, el otoño nos divierte recordando la primavera. Ese candente verano de un tiempo que ya se fue, bendita sea tu vejez, bendita será tu muerte.

207

Quiero sentarme a tus pies, y como un niño mi Señor, enséñame a ser paciente esperando llegue el tiempo de recibir tus favores sean espinas o muchas flores. Si viene de ti bien me hará; si busco mi voluntad, rechazando lo que duele, un mal alumno que pierde. Mi bien me traerá mucho mal, en todo te quiero agradar, mas el fuego embellecerá mi oro. Si clamo, me postro y adoro; todo obrará para bien. El final de un largo tren será la estación celestial.

208

Siempre buscando la paz, de todos el mayor regalo; nuestra vida entra en desgracia si perdemos esta virtud. No importa cuánto tengamos la casa o la posesión, sin paz se vive en dolor. Todo es nada, no hay familia, sin una gota de amor. El corazón no se humilla, la paz disfruta la vida; la abundancia o la escasez no odia, tampoco juzga, tolera de otros los defectos; huye de la provocación, pierde para saber ganar, acepta la voluntad de Dios, dando gracias sin parar.

209

Cuál es la voluntad de Dios, soberana y siempre perfecta. Los humanos intentamos inclinarla a nuestro favor. Todo afán o toda labor no determinan las cosas. Solo Dios sabe y en él reposa lo que sucederá; si habrá guerra, habrá paz. Una enfermedad repentina, el accidente atrevido; o vientos de normalidad. Orar por la voluntad del Dios que todo lo puede, sabiendo que Él lo que quiere es enseñarnos la verdad.

210

La Fe, base de la vida, dueña de lo que po-
seemos, como de lo que ha de venir; por esta
aprendemos a sufrir, porque es parte de nuestra
historia, muchos momentos de gloria han de lle-
garnos también. Mirar claro, mirar bien, cuando el camino está oscuro. El peligro, el tiempo
duro; nos enseña una lección, agridulce es el
sabor del fruto llamado Fe. Se llegará a la vejez,
la muerte abrirá sus brazos por la fe, el último
paso para ver al que nos ve.

211

Las leyes del creador son fieles y verdaderas, por siempre se han de cumplir; así fueron diseñadas, lo que siembre lo cosecha. Si haces mal, mal volverá; todo el que daña una vida, el daño le acompañará; la raíz de la maldad, consiste en romper principios. Se cae en el precipicio por no prestar atención. Dios cambie el corazón de creer que estamos solos, Dios está presente en todos, con su ley Divina.

212

Me gusta contemplar las estrellas, tan llenas de luz y calor, embellecen el firmamento, guardando secretos infinitos, las órdenes del bendito, la grandeza sin igual. Motivo que inspiran a poetas y predicadores para adorar al más sabio. La vida de las estrellas un día terminarán. Dios que es fiel quiso crear seres con billones de años, sin mentiras y sin engaños; es una realidad que se ve. La mente se funde si cree que todo lo puede explicar.

213

Dame Señor una palabra que venga cargada de
fe; por doquier la gente habla, sin sentido, sin
ser sabios, confundiendo al que lo cree. Tu palabra es de esperanza de consuelo y mucha paz;
nos enseña cada día a encontrar la libertad; viene amplia en la natura, en la Biblia clara es; luz
al pie que camina, alienta a todo cansado, dando
vida sin reproche, y quitando toda sed.

214

Cabizbaja y pensativa, recordaba su juventud, con tantos sueños dorados, y un cuerpo lleno de vida. Llegaron aquellos tiempos de ser esposa y ser madre, como llegaron las cosas, con cambios nunca esperados; la felicidad con sus altibajos, con días llenos de risas, también como fuerte brisas, momentos de destrucción. Ahora en la reflexión, ella tendrá que decidir al mirarse en ese espejo; lo que se fue, lo que quedó, sus anhelos. Todo invita a creer un mejor amanecer. Con Dios la vida es hermosa; las espinas con las rosas forman el jardín perfecto. A todo lo hecho, pecho; seguir, siempre seguir.

215

El pecado penetró, dañando la creación, con la primera pareja; causando infelicidad, muerte, violencia, maldad y todo tipo de rebelión; como virus sin control atacó a pequeños y grandes. Que Cristo nos acompañe, con su sangre derramada; divina vacuna que sana contra una muerte segura. Pidamos a Dios esa cura y adoremos al Soberano.

216

El frío con su poder ya prepara su regreso, gol-
peando suavemente la piel. Nos obliga a escondernos, usar el abrigo grueso; buscar el calor
donde esté, reunirse junto a la familia. El frío es
una época del año, que es hermosa y tiene vida.
Qué bueno es agradecer y aprender en todo
tiempo, ese frío que golpea, nos inspira, nos da
aliento.

217

Como la lluvia abundante que todo lo moja al caer, así tu misericordia me moje en todo momento, cambiando todos mis lamentos, en viva y nueva esperanza. Mi alma se llena de danza porque mi futuro eres tú. El Dios de toda virtud, con el poder de quitar, como también puede dar, nada me toma de sorpresa: el tiempo, distancia, fechas, cubriendo la niñez y la vejez; al justo le aumenta la fe y sigues tan lleno de amor; lo grato que envías tu sol, cual luz que alumbra mis pies.

218

Siempre seré agradecido, por mi cuerpo, por mi ser, por la dicha de nacer, cuando otros no lo hicieron. Mi cuerpo, el color de mi piel, mi raza y toda mi historia son un canto de victoria, regalo que no merezco. Cuando me levando de mi lecho y comienzo un nuevo día, mis ojos son la melodía que se eleva al infinito. Todo grande y tan bonito, no lo puedo comprender. Soy dichoso tantas veces, vivo rodeado de placer.

219

Vivir por la fe es aceptar lo que Dios así permita: salud, fuerzas, buena vista, el mal tiempo y
su dolor, diferente a la belleza de una flor, que
en horas desaparece. La fe no se extingue, pero
crece, porque es plena confianza a la vez con los
años y la experiencia. Se debe purificar, cada
quien tendrá sus pruebas, pero que eso no te
mueva. Sigue firme hasta el final, el tiempo de
descansar vendrá cuando menos lo espera.

220

Líbrame mi buen Señor, de un enemigo que tengo; vive junto conmigo y es difícil controlar. La lengua, un poder natural, espada y caballo veloz. Dios mío con mi propia voz, puedo dañar tantas vidas; control y un freno de arriba me puede quitar el veneno. El mundo ha caído en el cieno de hablar sin primero pensar; rienda suelta, sin parar, causa destrucción sin medida. Todos necesitamos auxilio. Es tan duro ese enemigo, y Satán lo quiere usar.

221

Cada nuevo amanecer trae su propia realidad.
Nada es igual en verdad, y se presenta un desafío, sea con calor o mucho frío, la vida tiene
que seguir. El poder de decidir a quién ayudar,
las fuerzas para trabajar, el tiempo de la familia, sembrar abrazos, no envidia, y todo lo bueno
que vemos; nos ayude el Dios del cielo, porque
este día se irá.

222

Oh sabiduría Divina, cuánto te hemos olvidado;
y más que nunca te necesitamos. Las mentes se
han embrutecido, y cada quien es su maestro.
Ya no se saca provecho de la belleza alrededor;
con tristeza y con dolor, la lengua sigue cortan-
do; unos a los otros acusando, usando su propia
opinión. A dónde se fue la razón. Ha muerto el
sentido común, el desorden nos arropa el arte
del buen vivir; regresa sabiduría, edúcanos otra
vez, queremos vivir felices y llegar a la vejez.

223

Tener mucho dinero y ser mezquino con los demás es perder la oportunidad de ser rico y no un
mendigo. Lo mismo que tener dentadura, sana
y muy bien formada, sin una alegre sonrisa, se
pierde toda belleza, es una calamidad. O tener
una casa, con un lujo exagerado; vivir de pena
rodeado y lejos de lo que es un hogar. La Biblia
nos quiere enseñar que de nada vale a un humano tenerlo todo en el mundo; y cuando llega
la muerte, no saber a dónde va; un error que se
debe evitar.

224

Siempre eres especial, Dios diseñó lo que eres, imagen de un ser poderoso sabio de todo saber; te hizo hombre o te hizo mujer, con un diseño perfecto, para su gloria te ha hecho, y lo debes agradecer, en la eternidad ha de tener un nuevo cuerpo también. Nada de lo que Él ha diseñado invita a la confusión, si Dios te hizo un varón con justa razón lo señaló. Si mujer viniste al mundo, tienes tarea que cumplir; y mucho tendrá que sufrir el que viole esta ley Divina. Oremos con plena conciencia y aprendamos a vivir.

225

Siento dentro de mí un oleaje de preguntas
que no puedo contestar. Mucho menos encontrar quién me pueda ayudar; es un enigma que
asusta. ¿Cuánto tiempo me queda en la tierra?,
¿cómo será mi final?, ¿cuántas veces tendré que
fallar antes de controlar mis defectos?, ¿Cómo
puedo amansar mi lengua? Mi vida con otro
cuerpo, no me canso de pensarlo; impotente
como siempre. Dios me conoce; Él me ha hecho.

226

Con media cara escondida, la nueva modalidad, buscando seguridad para escapar a la muerte, el mundo vive un momento de gran incertidumbre, pero más que esconder la cara en plena totalidad, muchos esconden sus rostros y su personalidad, porque somos esclavos del fraude, de la mentira y de la hipocresía; con una máscara fría, tapamos lo que realmente somos. Que Dios mire con sus ojos, debajo de lo que escondemos, enseñándonos a ser sinceros en lo que hacemos.

227

Toda la creación, como un testigo poderoso,
nos dice con enorme gozo que Dios amó lo que
hizo: un Universo preciso, sin nada que le falta-
ra; los misterios de la nada, tanta diversidad; la
vista jamás alcanza lo pequeño que tiene vida,
lo grande que tanto impresiona. Todo corazón
se emociona por este enorme regalo. El sello directo de Dios nos ayuda a intentar, sin entender
admirar, dando gracias eternamente a un Dios
sabio y sin igual.

228

Para todo lo que hacemos, falta voluntad, fuerza que mueva por dentro, con músculos en la conciencia. Jehová, dueño de las fuerzas, nuevas fuerzas, nos provee; nuestro pensamiento lee, conociendo nuestra debilidad. La mente, el cuerpo y el ser necesitan la energía que nos llega cada día, como un regalo especial, como hierro, como acero, fuerza que nos mantiene de pie.

229

Hojas que comienzan a caer. La presencia del otoño, cambios profundos y hermosos; los árboles desnudos quedan, el frío los comienza a azotar, con impactos de tormentas, con la nieve y su secuencia; otros tiempos nos esperan, gran ejemplo, dulce espera, como sucede en la vida, después de los años de fuerzas, el otoño asoma, preparando ese final, un ciclo ha de terminar, otra vida ha de empezar.

230

Las avecillas del campo no tienen que trabajar;
de Dios reciben el pan, un milagro de provisión,
ejemplo y demostración de un Dios que crea y
mantiene, promesa que siempre viene, a los que
viven con fe; el que lo declara lo ve, Él nunca lo
desampara; en el desierto declara cosecha y oasis
también, para los que hacen el bien, de hambre
no morirán; muchos años le acompañarán cual
ave volando tranquilos, sin miseria, sin afán.

231

Los accidentes suceden, son parte de todos los seres humanos, pequeños, medianos y grandes; de ellos nadie se puede librar, pueden causar la muerte, tragedias inimaginables, por mucho que se evite o se hable, el accidente vendrá; pidamos llamar a Dios por piedad, que nos libre de caer, solo Él nos puede atender si llega la calamidad; de hecho la muerte vendrá, y nadie lo puede evitar. El carro se puede averiar, el atleta romper un hueso, el niño caer de mala manera, un fuego arrasar con todo; pero después de la noche oscura, el sol sale brillante.

232

Cuando en medio de la noche el sueño te deja
y se va, la mente comienza su viaje, con todo lo
hecho en el día; las penas, las alegrías, la forma
de reaccionar, el cómo puedo avanzar, con lo
que quiero en la vida, en lo que el sueño regresa.
Mil cosas se pueden pensar; hacer el bien, tal vez
practicar el perdón, a nadie provocarle dolor, y
levantarse confiado, dispuesto a no ser dañino,
sabiendo que somos hermanos.

233

Necesitamos luz, amenaza la oscuridad. Con gran agresividad miramos en otros, defectos; con críticas sin provecho se enciende ira y maldad, no nos podemos entender, el poder es un veneno, un mundo de gente ciega, paredón de la bondad. ¡Oh! Dios, danos caridad contra este golfo tan oscuro; en tu luz mejor veremos una mejor humanidad. La potente luz divina puede cambiar el momento, llenándonos de contento, de justicia y claridad.

234

Dame, Señor, el poder de aceptar mi realidad, que pueda yo perdonar, en contra de mi voluntad, ser una fuente de amor, en medio de la sequedad, un soldado de justicia, amante de la igualdad; entender a los olvidados, a un enfermo motivar, orar por quienes no oran, y sin quejarme siempre dar. Que mi rostro muestre quien soy, sin careta ni hipocresía; sé que el día malo no falta, con la ayuda del Eterno, superaré muchas faltas.

235

La perfección es como un ave, imposible de atrapar; a veces agarramos una pluma, pero no el pájaro completo. En todo vemos defectos y los intentos fallidos; en los demás hace más ruido la falta de perfección, todos caemos rendidos, cuando vienen los tropiezos, y no es por falta de sesos, o ausencia de sinceridad, el pecado y la maldad. ¡Es un gene que todos cargamos!, pero con la ayuda del resucitado se espera la perfección, un milagro necesario, en el tiempo del Señor.

236

Si me dejan decidir entre ganar y perder, debo primero pensar en cómo lo debo hacer. Lo que llamamos ganar, tantas veces es perder, y perder siendo evaluado es una forma de ganar. Todo tiene consecuencias y el negocio de pensar tiene cada día menos clientes por el deseo de ganar. Terminar esta carrera, de una vida victoriosa, sin pruebas y con todo fácil, es pura calamidad; pero sigue siendo una verdad, que cuando enfrentamos la vida, sin importar cómo venga, sabremos sacar beneficios con solo poder decir: ganar o perder es lo mismo; a veces gozar o sufrir.

237

Salomón, rey que logró mover la mano de Dios, sabio porque intentó adorar al Creador, honrando la memoria de su Padre, hablando y construyendo altares, para miles de sacrificios, les habló del gran precipicio en que se puede caer por seguir los falsos dioses que nunca tienen poder. Salomón, campeón por siempre, primero en sabiduría; su legado nos enseña los caminos de la vida.

238

Cuando te miras al espejo y miras que te está
mirando, entiendes que estás dialogando con
alguien más que tu cuerpo; tu ser te dice al momento quién eres y quién debes ser, sea hombre o sea mujer. Tu rostro es la ventana de tu
mundo, lo simple o lo profundo, tus juicios y
debilidades; enfrentar calamidades, sumar momentos de gloria, que Dios mantenga la memoria, más allá que el mismo cuerpo, son los ar-
gumentos que llenan la mente que piensa, y lo
que presenta frente al espejo: preguntas como
tormentas.

239

El verso no morirá, porque nace en la inspiración; tiene vida, crea vida y glorifica al Señor. Puede ser muy sagrado, a veces ofende al Creador; el verso regresa a su dueño, es imposible dañarlo, es fuerza de luz y de amor. Cuando oscurecen las cosas, la mente pierde su rumbo; un verso es rayo de luz, directo desde otro mundo.

240

Josué recibió el llamado de sustituir a Moisés, ese mentor especial que hizo historia en Israel. Cuidado con el temor, advertencia repetida, cuando Dios llama no olvida a quien dirige su pueblo. Tener miedo es cementerio de muchos que han sido llamado; Josué lo entendió muy claro y comenzó ganando batallas. Si alguien quiere dar la talla, cuando se ve frente a un reto, que mire directo al cielo y le pida valor a Dios; la fuerza tendrá del Señor, ganará ante todos, respeto.

241

Graduarse, obtener un diploma, un documento que representa horas de trabajo, noches sin dormir, diálogos enriquecedores; años de inversiones y sueños. El otro diploma, el que no se ve, reposa en un cerebro que como el Universo crece sin límites; brindando oportunidades para crecer, inventar, adquirir esa cuna donde nacerán los bebes de nuevos ideales, todo por el bien de un mundo mejor. ¡Buena la graduación!

242

Yo seguiré andando los caminos de la vida, laborando como las hormigas, mientras lo permita el calor. A nadie juzgaré, ¿quién soy yo? sino pecador perdonado. Si Dios me ha levantado, siempre estaré agradecido, y en ese mismo camino veré muchos igual que yo; con fuerzas elevaré mi voz, mientras pueda emitir palabras, y el cielo que nunca falla, a quienes se humillan ante Él, comenzando por mi piel, hasta dentro de mis huesos, sentirán cuánto agradezco el gozo de caminar.

243

Construyó casa para Dios, antes de construir la
suya, y Salomón le agradó a él, mostrando tener
sabiduría, ejemplo que debemos imitar, ponien-
do a Dios siempre primero, jamás a sus hijos
fallará, la bendición viene del cielo; atiende al
pobre y al que sufre, aprende a emplear la caridad, a todo ser que ésto practica, jamás miseria
probará. Y Salomón lo hizo bien, desde el principio de su reinado, sus oraciones y sacrificios,
de bancarrotas lo libraron.

244

El niño necesita consuelo, para calmar su dolor, como la lluvia a la flor, el mundo lo necesita,
tantas heridas y duelos, soledades y miserias,
son parte de la tragedia que los vivos padece-
mos, pero Dios dice presente, usando brazos
que abrazan, una presencia con rostro, un hermano, una hermana, alguien de buen corazón,
el consuelo es transmitido, recibido y saludable,
sin el somos miserables, solo Dios nos puede levantar.

245

Voy a la casa de Dios, aunque mi vida es su casa, siempre vive en mi, le regalo una bendición, lo único que puedo dar, él me provee de todo lo que tengo, en su casa junto a otros, cantamos con alegría, lloramos si es necesario, se sana cualcuer dolor, el Espíritu de amor se mueve en los corazones, lluvias de bendiciones arrasan con la pereza, hacer el trabajo divino, con todo el que necesita, ir a la iglesia sin falta, para el alma fresca brisa.

246

No podemos entender lo que por naturaleza es infinito, Dios eterno, sin principio, sin final a la misma vez, la suma de la vejez, recordar lo que se ha ido, el deseo de seguir aquí, la tierra siempre nos llama, es lo eterno que entusiasma, Dios nos regaló un alma que camino con el cuerpo, se huye a experimentar estar muerto, por miedo a desaparecer, lo infinito ha de volver, y la vida seguirá, eterna y sin debilidad, el misterio revelado.

247

Mi ser es mas que mi cuerpo, porque aun cuando mi cuerpo sea eliminado con el tiempo, y sea reintegrado a la naruraleza en forma de tierra y rocas, el Dios que regaló el ser, seguirá reclamando fidelidad de una criatura que no puede morir, millones y millones de seres, esperan el momento, cuando en otros cuerpos tendrán que responder, no tendrán ningún poder, y lo que hicieron en la tierra, junto con sus conciencias, él seguro juzgará, ahora es el tiempo de la verdad', saber agradar al Creador.

248

Es necesario ser sabios, en un mundo de necedad, que nuestros labios al abrirse, llenos de
juiciosas palabras, constribuyan a la edificacion,
la paz y la coolaboración, porque todos somos
hermanos, y debemos darnos la mano, en lugar de armar guerras y crear amargas ofensas,
es un veneno que abunda, si la sabiduría se va,
oremos al Dios de la paz, que nos envíe su dirección, para adorar al Señor, con la luz de su
presencia.

249

La palabra de Jesús, es dulzura al corazón, guía
segura que lleva, directo a la salvación, es verdad sobre verdades, eterna por naturaleza, valor
contra los temores, para el alma fortaleza; en los
labios del Maestro, palabra que llena el mundo,
ilumina a Nicodemo, y limpia a un pecador in-
mundo.

250

Descartes nos dejó el método que legalizó las dudas; Sócrates nos puso a pensar y organizar qué pensamos; un Agustín fue maestro de los misterios del alma. Tantos expertos vinieron, con el fin de iluminar al ser humano, ayudar en todas sus inquietudes. La suma de sus virtudes, con la cara de los defectos, solo Jesús fue perfecto, encarnando la Verdad, proveyendo libertad para nuestro ser interior; conocerle y darle loor es la respuesta y la vía, y si eso no lo sabías, aquí te lo enseño hoy. Si te toca caminar, es que tu final no ha llegado; otras huellas dejaron, volando se fueron al Cielo; lo que hicieron es fiel testigo de lo bueno o malo que dieron. Cual potente cámara el Cielo vigila los pasos, desde los chicos y hasta los ancianos se dibujan las acciones, las virtudes, las traiciones, la abundancia o la falta de fe, el trato a un ofensor, el engaño y las oraciones; todo se hace en el camino, y es propio de toda la gente. Dichoso el que se arrepiente, para ver un buen final.

Made in the USA
Middletown, DE
24 June 2021